親切的、活潑的、趣味的、致用的

實用歷史叢書

遠流出版公司

透過錢眼看大國興衰

原著作名——透過錢眼看大國興衰
原出版者——北京航空航天大學出版社
作　　者——波　音
主　　編——游奇惠
責任編輯——陳穗錚
發 行 人——王榮文
出版發行——遠流出版事業股份有限公司
臺北市100南昌路2段81號6樓
電話／2392-6899　傳真／2392-6658
郵撥／0189456-1
著作權顧問——蕭雄淋律師
2013年2月1日　初版一刷
2017年1月1日　初版三刷
售價新台幣 320 元　（缺頁或破損的書，請寄回更換）

ISBN 978-957-32-7131-4
YLib 遠流博識網
http://www.ylib.com　E-mail:ylib@ylib.com

實用歷史叢書

透過錢眼看大國興衰

《實用歷史叢書》

出版緣起

王榮文

・歷史就是大個案

《實用歷史叢書》的基本概念，就是想把人類歷史當做一個（或無數個）大個案來看待。本來，「個案研究方法」的精神，正是因為相信「智慧不可歸納條陳」，所以要學習者親自接近事實，自行尋找「經驗的教訓」。

經驗到底是教訓還是限制？歷史究竟是啟蒙還是成見？——或者說，歷史經驗有什麼用？可不可用？——一直也就是聚訟紛紜的大疑問，但在我們的「個案」概念下，叢書名稱中的「歷史」，與蘭克（Ranke）名言「歷史學家除了描寫事實『一如其發生之情況』外，再無其他目標」中所指的史學研究活動，大抵是不相涉的。在這裡，我們更接近於把歷史當做人間社會情境體悟的材料，或者說，我們把歷史（或某一組歷史陳述）當做「媒介」。

・從過去了解現在

為什麼要這樣做？因為我們對一切歷史情境（milieu）感到好奇，我們想浸淫在某個時代的思考環境來體會另一個人的限制與突破，因而對現時世界有一種新的想像。

通過了解歷史人物的處境與方案，我們找到了另一種智力上的樂趣，也許化做通俗的例子我們可以問：「如果拿破崙擔任遠東百貨公司總經理，他會怎麼做？」或「如果諸葛亮主持自立報系，他會和兩大報紙持哪一種和與戰的關係？」

從過去了解現在，我們並不真正尋找「重複的歷史」，我們也不尋找絕對的或相對的情境近似性。「歷史個案」的概念，比較接近情境的演練，因為一個成熟的思考者預先暴露在眾多的「經驗」裡，自行發展出一組對應的策略，因而就有了「教育」的功能。

·從現在了解過去

就像費夫爾（L. Febvre）說的，歷史其實是根據活人的需要向死人索求答案，在歷史理解中，現在與過去一向是糾纏不清的。

在這一個圍城之日，史家陳寅恪在倉皇逃死之際，取一巾箱坊本《建炎以來繫年要錄》，抱持誦讀，讀到汴京圍困屈降諸卷，淪城之日，謠言與烽火同時流竄；陳氏取當日身歷目睹之事與史實印證，不覺汗流浹背，覺得生平讀史從無如此親切有味之快感。

觀察並分析我們「現在的景觀」，正是提供我們一種了解過去的視野。歷史做為一種智性活動，也在這裡得到新的可能和活力。

如果我們在新的現時經驗中，取得新的了解過去的基礎，像一位作家寫《商用廿五史》，用企業組織的經驗，重新理解每一個朝代「經營組織」（即朝廷）的任務、使命、環境與對策，竟然就呈現一個新的景觀，證明這條路另有強大的生命力。

我們刻意選擇了《實用歷史叢書》的路，正是因為我們感覺到它的潛力。我們知道，標新並不見得有力量，然而立異卻不見得沒收穫；刻意塑造一個「求異」之路，就是想移動認知的軸心，給我們自己一些異端的空間，因而使歷史閱讀活動增添了親切的、活潑的、趣味的、致用的「新歷史之旅」。

你是一個歷史的嗜讀者或思索者嗎？你是一位專業的或業餘的歷史家嗎？你願意給自己一個偏離正軌的樂趣嗎？請走入這個叢書開放的大門。

〈臺灣版序〉

歷史的孤兒

我們正在占領和使用著美國的土地，不是嗎？

就拿大豆來說吧。中國大陸地區一年從美國進口的大豆約有兩千五百萬噸，按照美國大豆平均畝產約一百七十公斤計算，要生產出口到大陸的那些大豆，大概需要一億五千萬畝土地，折合一下，僅大豆進口一項，大陸就占領了美國約百分之〇・二五的國土，而且是優質的良田，而非貧瘠的土地。

當然了，我們並沒有真的派兵去搶占那些良田，我們為那些大豆付了錢。但從經濟角度看，直接購買別國的糧食和占領別國的土地然後自己生產糧食，差別可能並不大。

揮兵占領那些良田，就需要維持一定規模的軍隊，還需要有公務員來管理各項事宜；揮臂親自種莊稼，就需要購買種子、化肥、農機，還要付出勞動，汗滴禾下土，這些全都是成本。最後，我們還要祈禱風調雨順，不要受災，否則糧食歉收，我們反而會賠本。這些費用算下來，並不一定會比直接購買別國糧食的錢少。

從美國進口糧食就簡單多了，不管美國人的成本是多少，只要我們覺得價錢不錯，我們就會進口。我們買美國的糧食，原因在於他們生產相同糧食的成本比我們低，他們的糧食售價比其他國家的售價更划算。一句話，購買美國的糧食讓我們的利益最大化。

這就是國際貿易的好處，它給貿易雙方都帶來財富。站在經濟的視角上，每個國家應該摒棄代價高昂的戰爭和對峙，打開國門迎接自由貿易。可惜，世界歷史並不是這麼溫馨浪漫，翻開五百年來的歷史卷軸，上面寫滿了血雨腥風和以鄰為壑。

硝煙彌漫的戰爭和翻天覆地的革命往往是史書中的主角，但卻未必是真實歷史中的主角。特別是當我們觀察世界歷史時，國與國之間爾虞我詐，黨同伐異，熱鬧的表象之下，也許有經濟力量的暗流在湧動，在推動歷史的進程。

這就是本書的關注點，有些時候，人們做出的歷史決定，影響了本國乃至世界的經濟走勢；有些時候，在經濟力量的左右下，各國不得已做出歷史決定。

無視經濟力量的國家，無一例外地受到了歷史的懲罰。比如，許多國家都曾扮演過歷史上「經濟孤兒」的角色，明清時期的中華帝國屢屢閉關鎖國，自絕於天下，積貧積弱；再比如立國兩百多年的美利堅合眾國，也曾多次奉行孤立主義，傷害了本國，也傷害了世界。

正面的例子如歷史上的琉球王國，雖然僅僅是一串小島嶼，物產匱乏，卻拒絕做歷史的孤兒，它曾一度在北至朝鮮，南至爪哇的浩瀚海洋中廣泛地從事海上貿易，把東亞和東南亞的商品倒來倒去，在強國夾擊中贏得了自己的一方天地。再如諸位讀者朋友所處的海峽對岸的島嶼，當這個島嶼置身於全球經濟圈中時，迸發出巨大的能量，一舉躍居亞洲四小龍之列。

世界雖大，但沒有一片土地不與其他地區相聯繫，沒有一個國家能夠長久忍受做個歷史的孤兒的苦楚。所以倘若人們在海上發現一處可以釣魚的小島時，不妨翻看一下本書從經濟角度描述的五百年世界歷史，說不定能對如何打理這個小島有些新想法呢。

哦，我是在寫序言嗎？就此打住，是為序。

〈原序〉拆解大國煉金術

地理大發現以來的五百年裡，世界歷史猶如按下了快進鍵，昔日那些延續幾百年甚至上千年的帝國紛紛落幕，不論是橫跨歐亞的東羅馬帝國，美洲的印加帝國、阿茲特克帝國，還是亞洲的莫臥兒王朝或中華帝國，統統遭到了下架處理。一些近代意義上的大國強勢崛起，你方唱罷我登場，各領風騷幾十年。

最開始崛起的幾個國家，比如西班牙、葡萄牙、荷蘭和英國，都曾經是西歐可憐兮兮的窮鄉僻壤。它們奮鬥之初哪有什麼宏圖大志，純粹是為了一件事而奔波——發家致富奔小康。本國土地狹小，物產有限，要發財怎麼辦？正所謂富貴險中求，這些國家的人們揚帆出海，渴望一圓發財夢。

他們成功了，不僅腰纏十萬貫，衣錦還鄉，還用海洋貿易賺來的財富作為資本，推動了歐洲工業革命的興起，這幫歐洲鄉巴佬實現了從「歐洲製造」到「歐洲創造」的轉變，再也不必眼饞東方國家的富庶了。

有一個不可否認的事實是，西方列強的興起最初都來自於它們經濟實力的增長，不論是經濟總量還是人均財富，它們都超越了昔日的那些大帝國。因此當我們在透視大國興衰的秘密時，不可避免要關注它們的經濟興衰，關注它們是如何變富的，看看那些大國的點石成金的手指頭有什麼奧秘。

近代以來興起的大國中，雖有些如今已經淪為二流，比如西班牙、葡萄牙和荷蘭，但另一個不可否認的事實是，一百年前強盛的國家，比如美國、英國、法國、德國、日本，雖然歷經兩次世界大戰、漫長的冷戰和數次經濟危機，在一百年後的今天依然是國力強盛的國度。這些現象提醒我們，國家興衰既有四海皆準的經濟共性，也有異彩紛呈的經濟個性。

本書站在經濟的視角，力求講述五百年來世界歷史和經濟演變中的精彩故事，特別是那些影響大國命運的經濟共性和個性。這些故事不僅對我們看清歷史迷霧背後的真相有幫助，對於我們分析今日世界的來龍去脈同樣有借鑑意義。

本書繼續延續筆者在上一本拙作《透過錢眼看歷史・中國篇》中的寫作原則——「惡搞不史實，史實不惡搞」，在面對史實問題時，注重證據和邏輯；對於不涉及史實的部分，用活潑、時尚和調侃的語言，讓讀者在愉悅中閱讀歷史，感受歷史的趣味。

感謝北京航空航天大學出版社，特別感謝編輯王律，她在本書構思過程中建議筆者把主題聚焦在近代以來的歷史與經濟變遷上。感謝素材整理者齊月珍。最後感謝所有的讀者，你們的每次讚揚和批評都增加了筆者的精神收益。

波音　二〇一二年八月二日於北京天通苑

目錄

第三篇　奴隸貿易是怎麼沒的

第四篇　從羊吃人到日不落

第五篇　英鎊、黃金和牛頓爵士

尾聲：潮湧潮落五百年／271

透過錢眼看大國興衰

波音◎著

第一篇

面朝大海，香料路開

世人皆吃貨（老饕、貪吃的人）。

一四五三年，歐洲人的餐桌發生了一次慘絕人寰的大變故，令他們味同嚼蠟，人生都似乎毫無樂趣了。

古都陷落，吃貨抓狂

一四五三年五月二十九日，橫跨歐亞兩洲、傳承千年的拜占庭帝國走到了盡頭，帝國的首都——君士坦丁堡（今土耳其的伊斯坦堡）被鄂圖曼土耳其人攻克。土耳其的蘇丹，穆罕默德二世（Fatih Sultan Mehmet, 1432-1481）縱兵屠掠三日，來犒勞他的戰士。

拜占庭人本來希望身後的各基督教國家能夠派出援兵，特別寄予希望的是當時實力強盛的威尼斯。威尼斯的統治者也曾經信誓旦旦地承諾，要派出戰艦救援君士坦丁堡。然而，當陷入重重圍困的拜占庭人派出一艘雙桅帆小船勇敢地衝出包圍圈，駛入愛琴海時，水手們才發現，海面上竟然連一艘基督徒的戰艦也沒有！

土耳其人的艦隊的確封鎖了愛琴海的各個港口，但更殘酷的真相是，威尼斯人根本就沒有派出戰艦，根本就沒打算救援君士坦丁堡。

威尼斯竟然棄一同信奉上帝的兄弟國家於不顧，這不單單是因為它畏懼鄂圖曼土耳其的強大軍事實力。威尼斯其實有自己的小算盤，那就是——坐收漁翁之利，徹底壟斷香料貿易。

談起我們熟悉的香料，應該算是胡椒了，中國人在做菜的時候，經常會放胡椒或者胡椒粉。明朝時政府缺銀子給官員發餉，甚至用鄭和下西洋時從東南亞帶回來的胡椒作為俸祿發給大家。

既然世人皆吃貨，那麼古代歐洲人對胡椒也是鍾愛有加的。有一種說法是，古代歐洲人大量進口亞洲的胡椒，目的是為了處理肉，使肉不易腐爛。但是許多學者質疑這種說法，因為胡椒在古代歐洲屬於奢侈品，能夠消費得起這種奢侈品的人，自然消費得起新鮮的肉。所以，古代歐洲人大量進口胡椒，很可能也是作為調味品，滿足口舌之欲。

除了胡椒之外，可以歸屬於香料的東西還有很多，比如肉桂、豆蔻、丁香、桂皮等。香料大多產於南亞、東南亞一帶，比如胡椒原產於印度，後來移植到了東南亞地區；肉桂產自斯里蘭卡；豆蔻和丁香產自印度尼西亞；桂皮產自中國南方和緬甸一帶。所以，從這些香料的產地到古代歐洲人的廚房之間，可謂隔著萬水千山，運到歐洲的香料價格高昂也就不奇怪了。中世紀有一段時期，一頭牛只能換兩磅肉豆蔻；胡椒的價格更昂貴，以至於人們買胡椒都得按顆粒個數來計算，胡椒甚至還可以充當貨幣！

為了獲得讓食物更美味的香料，歐洲人只能想方設法進口。早在古羅馬時期，歐洲人就通過埃及在紅海的各個港口做貿易，獲得從印度等地運到埃及港口的香料。在君士坦丁堡還沒有陷落之前，威尼斯人通過外交途徑，買通了當時埃及的統治者，壟斷了埃及商品在歐洲的銷售，自然也就壟斷了埃及出口的香料。如果說埃及人算是香料貿易的二道販子，那威尼斯人就是三道販子。

但當時香料的進口路線並不只是埃及這一條路，印度等地的香料還可以先運抵波斯灣地區，然後通過陸路運送到地中海東岸，最後再運往歐洲各國。當時地中海東岸被拜占庭帝國所控制，雖然威尼斯人和拜占庭帝國的關係不錯，但另一個義大利城邦——熱那亞（Genova）的商人也和拜占庭帝國關係融洽，能夠通過地中海東岸進口香料，這就打破了威尼斯人對香料貿易的壟斷。

威尼斯人可以忽悠埃及的蘇丹，卻忽悠不了拜占庭的皇帝，都是信基督教的，誰不知道誰啊！買主越多，這東西才賣得上價，拜占庭帝國當然知道這個道理，因此樂意讓熱那亞人也來採購香料。威尼斯人對此記恨在心。

天有不測風雲。沒想到鄂圖曼土耳其崛起，眼瞅著就要攻克君士坦丁堡，這威尼斯人就算沒心裡樂開了花，至少也是樂觀其變。君士坦丁堡陷落後，鄂圖曼土耳其沒興趣和基督教國家做貿易，相反，還繼續進軍東歐，幾十年間甚至兵鋒直指維也納城下。兩大宗教文明兵戎相見，這生意自然只能先放到一旁。

其結果是，拜占庭亡國後，熱那亞人徹底丟掉了香料進口途徑，全歐洲的香料都得靠威尼斯人提供，威尼斯人獅子大開口，別人也只有接受的份兒了。誰讓賣香料的獨此一家，別無分號，自己偏偏還好這一口呢？

自從威尼斯人徹底壟斷了香料貿易，不要說普通歐洲人品嘗不到香料的滋味，就是昔日品嘗過香料的大小貴族，居然都買不起香料了。沒有了香料，這日子簡直沒法過了！

更沒法過的是熱那亞人，本來可以從香料貿易中分一杯羹的，結果現在讓威尼斯人吃獨食，自己只能流著哈喇子乾看著，想要用點兒香料，竟然還得去求死敵威尼斯人。是可忍，孰不可忍！

不在沉默中爆發，就在沉默中滅亡，熱那亞人必須行動起來。直接進攻威尼斯？這顯然行不通，首先是打不過強大的威尼斯，鼎盛時期的威尼斯可以調動三萬多訓練有素的士兵，擁有三千多艘船隻，熱那亞只能望其項背；其次是基督教道義上自己也理虧，教皇就在旁邊羅馬城裡的梵蒂岡，教皇的眼皮子底下不能放肆。

熱那亞人於是想出了兩個迂迴計劃。第一個計劃是，越過鄂圖曼土耳其，與更東面的波斯地區的伊兒汗國結成同盟，直接從波斯灣出動一支熱那亞艦隊，拿下印度洋沿岸港口，控制香料貿易的線路；第二個計劃是，從地中海出發，從海路上繞過整個非洲大陸，開闢一條新的香料之路。

這兩個計劃都極富想像力，也都很不現實，尤其是第二個計劃，基本上是天方夜譚。在第一個計劃胎死腹中後，熱那亞人把第二個計劃藏在了心底……

葡萄牙人縱橫四海

威尼斯人也好，熱那亞人也罷，都是善於航行的水手，頗受當時歐洲其他國家的統治者青睞。一三一七年，葡萄牙國王曾經任命一個熱那亞人當葡萄牙海軍司令，任命的條件之一是，他和他的繼任者要保證在葡萄牙皇家海軍中有不少於二十名熱那亞人的船長和舵手。毫不誇張地說，葡萄牙人的航海事業的基石是熱那亞人親手締造的。

葡萄牙地處伊比利半島的西海岸，屬於歐洲的西南角，面對著大西洋，與非洲大陸隔著直布羅陀海峽相望，背後則是虎視眈眈的西班牙。葡萄牙人要把命運掌握在自己手中，唯有向海洋發展這一條路。

葡萄牙人的航海時代是從他們的亨利王子（Prince Henry the Navigator, 1394-1460）開始的。一四一五年，二十一歲的亨利就率軍攻克了直布羅陀海峽對岸的重鎮休達（Ceuta），名聲大噪。有了休達這個非洲據點後，亨利指揮自己手下的船長們，開始沿著非洲西海岸向南，向南，再向南。

蔚藍色的大海的確有著獨特的神秘感，吸引著水手們勇敢地駛向未知。但支撐亨利王子探索非洲沿岸的主要動力，並非他對未知世界的好奇心。弱小的葡萄牙沒有閒情逸致去聽海哭的聲音，也沒有足夠的財力去玩歐洲版鄭和七下西洋。亨利想的其實是做生意、賺大錢。

從攻占休達時俘獲的摩爾人（Moors）戰俘那裡，亨利得知了一個重要資訊：商人們可以從突尼斯海岸駕船南下，然後轉入河道，駛往西非內陸重鎮廷巴克圖（Timbuktu）和坎托爾（Cantor）。西非的黃金、象牙讓歐洲人垂涎三尺，亨利也不例外。從陸地上前往廷巴克圖不太現實，摩爾人會攔截葡萄牙人的駱駝商隊。於是，亨利希望從海路直抵西非內陸，通過與非洲內陸的貿易來富國強兵。

至於航行到印度滿載香料而歸，亨利頂多只是在腦子裡想想，說出來會被別人當成笑話聽。因為直到一四六〇年亨利去世的時候，他的船長們最遠也只到達了獅子山（Sierra Leone）。但亨利仍然不失為一代航海偉人，因為正是在他的指揮下，葡萄牙人駛過了非洲那一段寸草不生的撒哈拉海岸，此前的歐洲人都被這段沒有任何補給的海岸給阻擋住了，而過了這段海岸，展現在水手眼前的是非洲一望無垠的熱帶森林和黑人部落散布的熱鬧海岸線。歐洲水手們的活動空間被亨利打開了。

亨利死後，葡萄牙人向非洲南端探索的腳步放慢了下來，這並不是因為大海航行靠舵手，葡萄牙水手沒有了亨利這個總指揮，群龍無首了，而是由於兩個原因。

第一個是經濟上的。葡萄牙人到達塞內加爾（Senegal）和岡比亞（Gambia）後，就參與到了非洲幾內亞灣地區的貿易中，他們在歐洲和非洲之間進行貨物買賣。在十五世紀一些歐洲人眼中，世界上沒有什麼別的生意比這個更賺錢了。這麼說當然顯露出當時歐洲人坐井觀天的一面，畢竟當時東亞中國、日本等國的經濟正處於傲視全球的興盛景象。不過在那時歐洲人的貿易圈裡，從幾內亞地區倒騰黃金到歐洲，已經是很賺錢的買賣了。人是經濟理性的動物，既然有這麼好的買賣可做，誰願意冒著血本無歸的風險繼續向南探險？

第二個原因是地理上的。葡萄牙人繞過獅子山後，發現非洲海岸線開始向東拐，一時之間激動不已，以為非洲大陸南端已經被自己繞過去了，從熱那亞人那裡繼承的夢想——繞過非洲到印度，開闢一條新的香料之路——馬上就要實現了。不成想迎面而來的，又是一道向南延伸的非洲海岸線。葡萄牙水手向南一望，滄海茫茫，海岸線似乎沒有終點，去印度的美夢立刻破滅了，失望的葡萄牙人只好安心地在幾內亞灣做貿易。自從十五世紀七〇年代初發現非洲大陸又向南拐彎後，葡萄牙水手的航海探險暫停了十年。

就在這時，出現了一段插曲。一四七四年，一位佛羅倫斯天文學家托斯卡內利（Paolo dal Pozzo Toscanelli, 1397-1482）給當時的葡萄牙國王寫信，提出了一項計劃，建議葡萄牙人直接向西航行，直抵中國的東海岸，這條線路將比葡萄牙人繞過幾內亞灣通往香料之國的線路更短。國王對此產生了興趣，於是托斯卡內利又寫信，並附上了一張地圖，說明自己的向西計劃在地理上是可行的。

然而國王最終沒有批准這項計劃，葡萄牙人此後發動了新一輪非洲探險計劃。托斯卡內利把那封信的副本寄給了一位在西班牙生活的熱那亞人，這個人的名字，我們暫且不表。

葡萄牙人又開始探險了，這絕對是違反經濟理性的行為，但偏偏就發生了。也許，葡萄牙國王從那封信的計劃裡嗅到了不祥的氣息，別的國家可能要打航海的主意了；也許，葡萄牙國王就是想知道非洲最南端在哪裡，不計成本也想知道。

總之，航海家迪亞士（Bartholmeu Dias, 約1450-1500）奉命揚帆起航，一四八八年他成功地繞過了非洲真正的最南端，他甚至率領船隻向南面的大海開出了很遠，然後兜了一圈回到海岸線，以確定自己真的發現了非洲最南端的海角。

由於在那個海角遭遇了風暴，迪亞士便把那裡命名為風暴角（Cape of Storms）。回到葡萄牙彙報時，國王龍顏大悅，把風暴角改稱為好望角（Cape of Good Hope），因為這個海角讓葡萄牙人看到了通往印度的道路，這是多少代歐洲水手夢寐以求的發財之路。

就在迪亞士向好望角衝刺的時刻，葡萄牙人佩魯・達・科維利亞（Pero de Covilha, 約1460-1526）穿過地中海經由陸路至紅海，勘察了印度洋的西海岸，從非洲的莫桑比克（Mozambique）到印度的馬拉巴爾海岸（Malabar Coast）線。因此，從葡萄牙首都里斯本（Lisboa）前往印度的新香料之路，已經完全聯通了。

最後，抵達印度的榮耀降落在達伽馬（Vasco da Gama, 1469-1524）的頭上，這位在十歲的時候就煞有其事地擬定航海計劃的航海世家之子，帶領四艘船，用了約十個月的時間，從葡萄牙繞過到了非洲，航行印度的卡利卡特（Calicut，中國古籍中稱「古里」），成為第一個繞過非洲從海路抵達印度的歐洲人。這份榮耀不僅屬於達伽馬，更屬於為了這條航線拚搏了近百年的所有葡萄牙水手，同樣也屬於把這個夢想灌輸給葡萄牙人的熱那亞水手們。

扼住威尼斯的咽喉

但葡萄牙人的香料發財夢離夢想成真還有一段距離。對於壟斷了印度洋香料貿易的阿拉伯人來說，突然出現的葡萄牙人簡直是巨大的威脅。葡萄牙人的麻煩從達伽馬剛登上印度海岸就開始了。卡利卡特城裡的阿拉伯商人說服當地的土著國王把這幫白皮膚的人都抓起來，理由是他們是一夥強盜。弄清了事情的真相後，國王釋放了達伽馬這幫人。還是我們前面談過的一個道理，做生意嘛！買家越多，對賣家就越有利，印度土著國王也懂這個道理。

達伽馬留下幾個水手作為聯絡人，帶著滿船的香料和其他貨物榮歸故里。當第二支葡萄牙船隊抵達卡利卡特時，發現留下的水手已經被殺害了。土著國王對此事睜一隻眼閉一隻眼，也許是覺得這幫遠道而來的白人的實力連海盜都不如，沒必要搭理。

千辛萬苦開闢的香料之路，怎能如此窩囊地半途而廢？

展示實力的時候到了。達伽馬率領二十艘軍艦，氣勢洶洶地殺奔卡利卡特，途中大敗阿拉伯商船組織的艦隊，抵達卡利卡特後，輕鬆攻克該城，大肆掠奪商品作為與當地土著和解的報酬。雖然達伽馬因航海而名垂青史，其實他對政治和戰爭的領悟並不遜色於他的航海知識。以他為代表的葡萄牙人以軍艦開路，到一五〇九年，葡萄牙人已經成為阿拉伯海無可爭議的主人。達伽馬甚至被稱為「武力至上的問題調停者」。

在當時弱肉強食的海上貿易戰環境下，阿拉伯商人也不是吃素的，大家都不比海盜在道義上強多少。因此，後人實在無法過多地指責達伽馬對武力的崇尚，不用軍艦保護航線，難道等著阿拉伯人的軍艦把自己的商船打沉？

印度並非香料之路的終點站，葡萄牙人很快明白，歐洲人垂涎的丁香和豆蔻，都不是印度出產的，而是來自更往東的馬六甲（Malacca）。當時活躍在東南亞的葡萄牙人皮雷斯（Tome Pires, 約1465-1524）就說過：「控制了馬六甲，就扼住了威尼斯的咽喉。」

又是威尼斯！葡萄牙人念念不忘的是搶奪威尼斯人的香料生意。

在當時亞洲的海洋貿易網路，馬六甲是當之無愧的中心。每年順著季風來做貿易的中國人、印度人、阿拉伯人、歐洲人擠滿了港口。中國的樟腦、絲綢和陶瓷，印度的織品，菲律賓的蔗糖，摩鹿加群島的檀香、丁香、豆蔻等香料，蘇門答臘的金子以及胡椒，婆羅洲的樟腦，帝汶的檀香，以及馬來西亞西部所盛產的錫，全都運送到馬六甲，再轉運到世界各地需要這些商品的地方。

那些被葡萄牙人打敗的阿拉伯商人也很熟悉馬六甲，因為那裡是當時世界上最繁榮的貿易中轉站，於是這些阿拉伯商人會把他們的獨桅三角帆船遠遠地駛向印度半島南面的大洋，避開葡萄牙艦隊的鋒芒，兜一個大圈，前往馬六甲採購香料，然後運往紅海。顯而易見，紅海旁的埃及會把這些香料賣給可惡的威尼斯人。

如果控制了馬六甲，何止扼住了威尼斯的咽喉，簡直就是扼住了世界海洋貿易的咽喉！

葡萄牙人先禮後兵，派人與馬六甲的蘇丹接洽，希望允許葡萄牙人在馬六甲做貿易。富甲一方的蘇丹對葡萄牙人的要求竟然一概拒絕。香料就在眼前卻拿不到，惱怒的葡萄牙人再次開展了「軍艦外交」，大舉進攻馬六甲。

帶領葡萄牙士兵圍攻馬六甲的總督阿方索・亞伯奎（Alfonso de Albuquerque, 1453-1515）激勵手下時，除了用宗教鼓動大家去「撲滅穆罕穆德教派之火」外，也重點強調說：「我確信，如果我們從他們（穆斯林）那裡奪取了馬六甲的貿易，開羅和麥加將會徹底毀滅，威尼斯將得不到香料，除非它的商人到葡萄牙去購買。」

多麼有商業頭腦的總督！

一五一一年，馬六甲被葡萄牙攻占了。至此，海洋上的香料之路終於完全落入了葡萄牙人之手，威尼斯的咽喉被扼住了，熱那亞人終於復仇了。

在葡萄牙控制印度洋和馬六甲前夕的十五世紀末，威尼斯人每年獨占從埃及出口到歐洲的香料，通過其他途徑出口到歐洲的香料則微不足道。但到了十六世紀初，每年威尼斯人只能獲得原來香料總量的四分之一左右。威尼斯人的損失就是葡萄牙人的收益，從十五世紀末到十六世紀上半葉，葡萄牙人運走了亞洲香料總產量的十分之一。

一五二一年，威尼斯人為了維護昔日自己對香料貿易的壟斷地位，曾主動提出購買葡萄牙的所有進口香料，但被葡萄牙人一口回絕。開什麼國際玩笑？現在賣多少香料，我們葡萄牙人說了算！在葡萄牙人打破威尼斯人對香料貿易的壟斷後，鄂圖曼土耳其人向東歐的擴張也直接削弱了威尼斯人的勢力。威尼斯不可救藥地滑向了衰落。

歐洲人餐桌上的美味香料，如今由葡萄牙人提供了。一個歐洲西南角的小國竟然捏住了全歐洲的舌頭，這讓那些大國情何以堪！歐洲的大國紛紛開始動腦筋了，他們要動葡萄牙人的香料。

對了，我們前面不是提到了佛羅倫斯天文學家的一封信嗎？這封信將掀起多大的海上狂潮呢？

第二篇

黃金砸暈西班牙人的頭

「人們都說西面的大洋是不可逾越的。」

西班牙伊莎貝拉女王（Isabel I la Católica, 1451-1504）略帶威嚴的聲音在宮殿裡回響著，這一刻，陽光似乎都停滯了。這裡是格拉納達（Granada），曾經是穆斯林信徒摩爾人在伊比利半島上的最後據點。在圍攻這座石頭城堡達十年之後，女王率領西班牙軍隊終於攻克了此地，把摩爾人趕回了老家。

女王現在有時間打理一些瑣碎之事了，比如面前這個熱那亞的寒酸傢伙曾經多次請求拜見她，這個人叫做克里斯多福・哥倫布（Cristoforo Colombo, 1451-1506）。

不靠譜的計劃和非主流的航海家

哥倫布早年籍籍無名，所以後世對他的國籍有爭議。一般認為，哥倫布出生於義大利的熱那亞。

又是一位熱那亞人！前一篇我們已經介紹了熱那亞人對葡萄牙航海的影響，現在，熱那亞人又要影響西班牙了。

熱那亞人注定要當遠航的水手，哥倫布也不例外。年輕時期的哥倫布就隨著船隻東飄西蕩，甚至還曾經遠航到西非地區做生意，那裡是葡萄牙新開闢的貿易區。哥倫布並不是航海學校或某某大學的科班出身，沒有金光閃閃的畢業證書，但他有極大的學習熱情，除了在船隻上學習實際的航海經驗外，他還讀完了他能找到的各種與航海有關的書籍，其中也包括古希臘的一些著作，由此他接觸到了古人對地球尺寸、海陸分布的一些見解。

對於自學成才的民間科學家，其精神值得褒獎，但自學成才者難免在知識結構上會有一些缺陷，哥倫布讀了許多書，結果正確的觀點和錯誤的觀點都在他的頭腦中紮下了根。地球是圓的，這是正確的觀點，但哥倫布頭腦中的地球大小，明顯比實際地球的尺寸要小。

其實古希臘時期的學者埃拉托色尼（Eratosthenes of Cyrene，約前276-前194）利用同一時間不同地點的太陽高度角的差值，已經得出了地球周長的正確資料——大約四萬公里。但是正確的觀點往往被淹沒在許多錯誤的觀點裡，一位古羅馬學者也計算過地球周長，結果比埃拉托色尼的資料少了一萬多公里，這個學者還宣稱，從歐洲向西航行到達印度，只要一萬公里的路程。可惜的是，後面這個觀點占據了哥倫布的腦袋。

更讓哥倫布熱血沸騰的觀點來自托斯卡內利，就是上一篇談到給葡萄牙國王寫信，提出向西航行到達中國的那位天文學家。在托斯卡內利的地圖上，中國比印度更靠東面，而日本這個傳說中的遙遠島國則在亞洲的東邊的大海中，這些觀點都對。不對的是，托斯卡內利也認為地球很小，而且日本這個島嶼很大，向東延伸了很遠，並且還更靠近赤道。

因此在這張地圖上，從歐洲向西到達亞洲東海岸的一些島嶼，並不需要多麼長的航行距離。托斯卡內利把給國王的信抄送了一份，送給了哥倫布。

民間科學家哥倫布全盤接受了托斯卡內利的觀點，堅信向西到達印度和中國是可行的。他開始遊說各國的國王，希望能獲得國王的資助，向西開闢到達印度——香料之國的航線。葡萄牙是當時的航海第一大國，自然是哥倫布的首選。然而他的計劃與托斯卡內利的計劃待遇一樣，都遭到了葡萄牙國王的拒絕。原因可能有兩個：首先，葡萄牙水手已經接近發現非洲最南端了，這條繞過非洲的航線他們很熟悉，比起向西的未知航線來，向南繞過非洲的航線看上去更容易成功；其次，葡萄牙的航海知識是當時世界上最優秀的，葡萄牙航海家們立刻看出，托斯卡內利和哥倫布的這個計劃在地理學上漏洞百出，根本就不靠譜。

碰壁後的哥倫布輾轉多國，最終來到了西班牙伊莎貝拉女王面前。

面對女王不信任的質疑之聲，哥倫布頗為機智地反問道：「人們以前是怎麼說格拉納達的呢？」女王不禁會心地笑了：「說它是不可征服的……」哥倫布機智的回答給女王留下了不錯的第一印象。

在女王的授權下，一個由海員和學者組成的委員會成立了，對哥倫布的向西航海計劃進行仔細的論證和研究。

西班牙航海家也不是吃閒飯的，他們也看出了哥倫布計劃中的漏洞，哥倫布顯然是個不靠譜的航海家。這個委員會的報告斷言，哥倫布的航海計劃根本不切實際！

看樣子哥倫布又要碰壁了，好在此人有不退縮、不放棄的精神，一番軟磨硬泡，居然勸動女王又成立了一個新的委員會再次審議計劃。當時女王的權勢如日中天，再次成立審議委員會，這意思還不是明擺著嗎！通過就通過，不通過也得通過。委員會成員只好通過。

不過據史書記載，委員會和哥倫布之間並不是單純的評判和被評判的關係，實際上，那些海員和學者與哥倫布的相處十分融洽，他們一起討論計劃中的細節，幫助哥倫布完善了他那粗糙而狂野的探險計劃。在審議完成時，哥倫布的計劃看上去好像靠譜了一些。

根據委員會的第二次審議，伊莎貝拉女王決定資助哥倫布完成探險的壯舉。西班牙剛剛打完與摩爾人的戰爭，經濟上並不寬裕，為了籌措這一筆航行經費，據說女王甚至賣掉了自己王冠上的珠寶。

伊莎貝拉女王為何執意支持哥倫布呢？

葡萄牙憑藉對非洲的探險而獲得的利益，可能早就讓西班牙女王眼紅了。一四八八年迪亞士發現了非洲最南端，這個消息震驚了全歐洲，葡萄牙人似乎很快就摸到香料口袋了，作為鄰國的西班牙明顯感受到了威脅。這也許是伊莎貝拉女王甘願冒險資助一位非主流的航海家去嘗試一次不靠譜的航海計劃的原因。

一紙契約締造一代強國

就在啓程之前，膽大妄為的哥倫布卻做出了一件出格的事情，他要求和女王訂立一個契約。

哥倫布提出，如果發現了新的陸地，西班牙王室對哥倫布發現的新大陸擁有宗主權，但要冊封哥倫布為貴族暨大西洋海軍元帥，准許他擔任未來所發現的島嶼和陸地的總督，而且這些頭銜都必須世襲；新發現的土地上的產品的百分之十歸他所有；他也能參與新土地上所有的商業活動，他可以投資和獲取的利潤要占總額的八分之一；他對前往新大陸經商的船隻可以徵收百分之十的稅，而對自己運往西班牙的貨物實行免稅……

在一般的君主看來，哥倫布的要求哪裡是為國王和國家開疆拓土，分明是要自己成立一個獨立王國！在當時的人看來，哥倫布的想法既目無君主，又得寸進尺。

然而，天啊，女王竟然同意了哥倫布的要求！她與哥倫布簽署了一個契約，明確寫出了所有的條款。這是一位尊貴的女王和一位落魄的航海家以平等的姿態簽署的具有法律效力的契約。後人無法知曉女王當時是怎麼想的，一些人認為，可能女王就沒覺得哥倫布能發現新大陸並返航。但是，如果女王真的這麼想，她又何必花費鉅資來幫助哥倫布呢？

也許，伊莎貝拉女王真的很偉大，她意識到要讓他人為自己服務，就要給他人足夠的利益，這樣才能激發他人的積極性。這份契約將給哥倫布提供強大的精神和物質動力，讓他一往無前地向西航行。

簽訂契約並不是新鮮事物，在人類文明早期，商人之間就會簽訂類似合同的文本，明確買賣雙方的責、權、利的分配。但是，由一國之君與一介平民簽署契約，伊莎貝拉女王與哥倫布即使不是首創之舉，也是劃時代的偉大進步，因為他們之間雖然地位懸殊，但簽署的卻是自由契約。

所謂自由契約，首先是說簽訂契約時，雙方處於自由狀態。那種戰勝國與戰敗國之間的城下之盟，不算是自由契約；其次是契約保障了雙方的自由，兩者各取所需。那種君主要求臣民們單方面進貢的約定，也不算是自由契約。

這份在一四九二年年初簽署的契約，徹底改變了世界的面貌。一四九二年八月，哥倫布率領三艘船駛離西班牙，向西駛入了茫茫的大海。從地理學上講，葡萄牙和西班牙航海家是正確的，亞洲沒有哥倫布以為的那麼近。但有時上帝就是喜歡垂青犯錯誤的人，他製造了一大塊美洲大陸，橫亙在太平洋和大西洋之間，等著熱情而魯莽的哥倫布一頭撞過來，美洲就這麼被發現了。

發現美洲並不表示就發現了財富。哥倫布目光所及的美洲動植物，都沒什麼經濟價值，他的目標是黃金。哥倫布看到當地土著的服飾上掛著小片的黃金，就向土著打探黃金的來源，得知是來自更遙遠的地方。哥倫布搶了一些黃金小玩意回到西班牙，向伊莎貝拉女王吹噓美洲是個金礦豐饒的地方，一定可以成為西班牙取之不盡的寶藏。

滿嘴跑火車的哥倫布還提議，從美洲發現的黃金的一半，應該歸屬國王所有。對於這個提議，女王欣然笑納。這相當於女王對來自美洲的黃金徵百分之五十的稅，如此高的暴利，即使是尊貴的國王也無法抵住誘惑。

新大陸的發現令西班牙人如同闖入了一座寶庫，懷抱發財夢想的西班牙殖民者迅速啓程，前往美洲。許多人和國王也簽署了類似當年哥倫布所簽的契約，只不過契約規定的土地產品收入、商業徵稅等條款，根本引不起冒險家們的興趣，他們渴望獲得的是閃亮的黃金。哥倫布搶回來的那點微不足道的黃金，足以晃花無數人的眼睛。

最初的冒險家的確發了大財，因為他們獲得黃金的方式很廉價——搶！面對戰鬥力微弱的美洲土著，西班牙人很容易就掠奪了他們所擁有的黃金。西班牙冒險家打敗了美洲大陸上的印第安人建立的印加帝國和阿茲特克帝國，把他們的黃金劫掠一空。當然了，搶來的黃金中百分之五十要歸王室所有，但剩下的那百分之五十也足以讓人暴富。

可是當印第安人的黃金被搶光後，麻煩就來了，要想繼續獲得黃金，就必須在美洲尋找和開採金礦，這就必須要付出很大的成本，此時王室要抽百分之五十的稅，這買賣就沒法做了。實際上在王室抽稅稅率高達百分之五十的時期，美洲新發現的金礦沒有一個動工開採，印第安人原有的礦山也停止了開採，就是因為高稅收讓礦主根本無利可圖。不久之後，西班牙王室看到收不上稅，就把美洲金稅稅率下降到三分之一，然後再減到五分之一，甚至更低。而西班牙王室抽取的美洲銀稅稅率，則長期定在了五分之一。

稅率的下降終於讓礦山開採有利可圖了，西班牙殖民者強迫印第安人為他們開挖礦山，源源不斷的黃金、白銀從美洲大陸運出，抵達西班牙。借助從美洲掠奪來的財富，這個伊比利半島上的歐洲中等國家一躍成為世界上最富強的國家。

在十六世紀三〇年代之前，來自美洲的金銀進口量還很小，但從十六世紀四〇年代至九〇年代，進口量由一百萬達克特（ducat，一達克特接近三．五克黃金）逐年增長至八百萬達克特。這個數字還僅僅指合法繳稅的黃金進口量，非法進口量差不多有一樣的規模。

不要對非法走私黃金大驚小怪，歷史無數次地證明，進口稅導致兩地之間出現差價，差價大到一定程度，冒險走私就變得有賺頭了。有多麼高昂的進口稅，就有多麼瘋狂的走私者。西班牙王室既然抽很重的稅，那麼走私黃金自然變得有利可圖。在那些年中，王室通過抽稅獲得了黃金進口總量的百分之四十。

別談宗教感情，太傷錢了

十六世紀的西班牙是歐洲各國君主羨慕嫉妒恨的對象。通過王室聯姻，西班牙國王查理一世（Carlos I, 1500-1558，即神聖羅馬帝國皇帝「查理五世」）的國土不僅包括了伊比利半島，還包括了中歐的一部分、地中海裡的撒丁島、西西里島和羅馬以南的整個義大利，當然了，廣闊的美洲殖民地也是帝國神聖而不可分割的一部分。

美洲黃金白銀滾滾而來，國土富饒遼闊，西班牙一定是那時歐洲的人間天堂吧？

錯！西班牙從上到下都窮！

這怎麼可能呢？

很簡單，一個人有錢還是沒錢，不僅取決於這個人賺多少錢，還取決於這個人花多少錢。西班牙從美洲掠奪了大量的財富，但它花掉的錢比掠奪的財富還多！

讓我們來細數一下西班牙當時都花了些什麼錢吧。

西班牙王室有很濃厚的基督教情結，有了美洲黃金做後盾，西班牙的國王都把用基督教統治全歐洲作為己任。比如當時的西班牙國王查理五世（Karl V，即前面提到的「查理一世」），他是伊莎貝拉女王的外孫，在位四十年，他在地中海和匈牙利向咄咄逼人的鄂圖曼土耳其發動戰爭，在陸地和海洋上遏制住了土耳其人的擴張勢頭，捍衛了基督教歐洲的疆域。應該說，這筆錢花得無可厚非，畢竟君士坦丁堡陷落之後，整個歐洲都有被土耳其人吞併的危險，保衛家園，維護信仰嘛，值！

但接下來，財大氣粗的查理五世就開始連出昏招，他似乎是想和所有人為敵，他鎮壓了信奉新教的德國勢力，還與法國的瓦羅亞王朝（Valois, 1328-1589）為敵，爭奪義大利和荷蘭等地的控制權。沒有哪個國家能夠承受連年戰爭的代價，何況後來的一系列戰爭打下來，西班牙竟然連連敗退，一五五六年，查理五世心力交瘁，宣布退位。

當時西班牙的國王們不僅熱衷於宗教戰爭，他們對宏偉建築和奢華宮廷禮儀也有著狂熱的嗜好，花費鉅資興建宮殿。結果那些年裡，西班牙王室的財政總支出過於龐大，總是比財政總收入還多。別忘了，西班牙財政收入裡可是有從美洲金銀裡抽的稅，這些意外之財都不夠王室折騰的。

為了平衡開支，西班牙國王屢屢借債，主要是向歐洲的各大銀行家集團借債。借債是以未來的收益做抵押的，利滾利的結果，使西班牙早在一五四四年，每年正常的財政收入就有三分之二用於還貸。八年之後，西班牙王室連債都還不起了，乾脆宣布不還了，賴賬，這就是通常所說的

「國家破產」，類似於如今金融危機期間，冰島等國的賴賬行為。自從這次破產之後，西班牙在此後的近一百多年中，竟然又發生過七次王室破產！

平均十幾年就破產一次，連信譽都賠光了的西班牙王室，諸位覺得是富還是窮呢？

縱然王室破產，但如果西班牙本國經濟有足夠的實力和活力，那麼這個國家還可以重新振作起來。尤其是，如果能夠好好利用美洲黃金作為資本，發展本國優勢產業，西班牙依然有躋身歐洲一流強國的實力。

可惜，西班牙王室在發展國內經濟上，比制定對外政策還蠢十倍。

在西班牙攻占伊比利半島大片土地之前，那裡的主要居民是阿拉伯人和摩爾人，他們是優秀的園藝家和農民，在提高農業生產效率方面很有心得，並且提高了土地的灌溉水平。在西元十一世紀的時候，歐洲最大的城市是科爾多瓦（Córdoba），位於今天的西班牙南部，人口約為四十五萬。當時的倫敦只有兩萬五千人，巴黎則更可憐，只有兩萬人口。科爾多瓦就是摩爾人建起來的，是當時重要的貿易中心。

但當西班牙人統治這些地區後，在宗教狂熱的影響下，西班牙王室先是宣布摩爾人、猶太人這些異族必須改信天主教，否則就驅逐出境，導致大批有手藝的農民逃亡。後來乾脆就頒布驅逐令，把這些異族全部驅逐出去。那座六百年來歐洲最繁華的城市科爾多瓦的人口規模銳減到從前的七分之一。

結果，城市和土地雖然落入了信奉天主教的西班牙人手中，可是繁榮的貿易、複雜的灌溉技術以及摩爾人農業高產的技術，全都流失了。

在十六世紀的西班牙，大片的土地集中在貴族和教會手中，後者是最大的土地所有者。但他們又都甩手給地主們，地主通過管家或其他仲介者，將土地分成小塊，出租給用穀物交租的長期佃農和短期佃農。這些佃農既缺乏資金又沒有動力去改造不屬於他們的土地，因此根本無法保留摩爾人的優秀農業傳統，農業生產率很低。

更加令底層西班牙人雪上加霜的是美洲黃金的流入，導致國內各種商品價格暴漲。糧食這樣的基本必需品價格暴漲，有時會要人命的。底層西班牙人沒有分享到美洲黃金帶來的財富，也沒有自己的土地，不能享受到糧食漲價帶來的利潤，結果只能是王小二過年，一年不如一年，許多農民淪落至靠勞役償債的地步，近似於農奴。在西班牙的許多地區，不管是土壤肥沃的河谷還是貧瘠的山地，都開始種植穀類作物。即使如此，農業生產率低這個硬傷，讓穀物的產量仍無法滿足西班牙人的需求，這個國家越來越依賴進口小麥和其他穀物來養活人口。

西班牙的殖民地有金山銀山，可是在殖民地經濟運作上，西班牙王室的做法沒有最蠢，只有更蠢。

就拿西班牙王室對自己在太平洋僅有的殖民地——菲律賓群島採取的經濟政策來說吧。在西班牙殖民者的統治下，島上的菲律賓人和其他亞洲人比如中國人、日本人互通貿易。但殖民地與歐洲的貿易，受到西班牙王室的嚴格限制，凡是與歐洲的貿易，都是間接進行的，貿易渠道必須經過墨西哥和西班牙本土。此外西班牙王室規定，每年只能有一艘商船，也就是著名的馬尼拉大帆船（Manilagalleon），裝載著秘魯和墨西哥的銀器從墨西哥的太平洋港口阿卡普爾科（Acapulco）出發，駛向菲律賓，然後船在馬尼拉過冬，裝上東南亞香料和中國絲綢、瓷器，以及東方的其他奢侈品，再返回墨西哥。貨物在墨西哥和秘魯的市場兜售，未售出的商品經由陸路，運往大西洋港口維拉克魯斯（Veracruz），然後再搭載商船運回西班牙。這條貿易線路繞了大半個地球，而且中途還要走墨西哥的一段陸路，時間成本、運輸成本高得離譜。

實際上，西班牙完全可以讓馬尼拉大帆船向西航行，從印度洋方向直接駛向本土和其他歐洲國家，運輸成本將大大降低。而且可以允許大量馬尼拉大帆船開展海上貿易，利用規模效益來賺錢。但僅僅是為了收重稅和對殖民地進行有效控制，西班牙王室就想出了捨近求遠、限制規模的餿主意。其結果是，許多東方商品經過一番胡亂折騰後，價格奇高無比，在歐洲市場上缺乏競爭力，西班牙坐擁亞洲殖民地，卻不能通過遠洋貿易獲得利潤。

窮，很多時候是自找的。

無敵艦隊海底撈

同宗教狂熱的西班牙相比，葡萄牙人要現實多了，起碼他們在經營殖民地的能力上要略高出西班牙人。

就在哥倫布發現美洲之後，葡萄牙人和西班牙人就為了美洲大陸該歸誰起了爭執，最終在羅馬教皇的調停下，兩國坐下來談判，在里斯本郊外的一個小鎮簽署了條約：以大西洋上佛得角群島（Cape Verde Islands）以西兩千兩百古海里處的「教皇子午線」為界，界東屬葡萄牙，界西則屬西班牙。這就是巴西歸屬葡萄牙，而拉丁美洲其他地域都歸屬西班牙的法定原因。一五二九年，為了瓜分在亞洲的利益，西班牙、葡萄牙再次簽訂合約，規定以通過摩鹿加群島東部十七度的子午線為終止界線，界線向西地區屬葡萄牙，向東則屬西班牙。

第一篇我們已經談到，葡萄牙人熱衷於香料貿易。在這類遠洋貿易中，印度西海岸的果阿（Goa）是貿易的東方終點站，而葡萄牙首都里斯本則是西方的終點站。葡萄牙商人在整個印度洋和香料群島採購香料，運到果阿，然後在王室官員的監管下，裝上返航的船隻。由於葡萄牙本土的產品在東方沒有市場，因此，出航的船隻大多裝載的是金銀，以及一些大炮和軍火。

雖然香料貿易並沒有振奮葡萄牙國內的產業，它的農業水平和西班牙半斤對八兩，不過香料貿易的利潤還是讓葡萄牙王室富甲一方。但葡萄牙的問題在於本土狹小，而且國民人數過少，經不起重大打擊。

怕什麼還偏就來什麼，一五七八年北非摩洛哥（Morocco）起了內亂，葡萄牙看到有機可乘，大舉興兵攻入摩洛哥。別看葡萄牙海軍能夠在萬里之外揚威碧海，由貴族子弟為班底的葡萄牙陸軍卻是草包一群。在這場被稱為「三王之役」（即葡萄牙國王和他支持的摩洛哥廢王對陣摩洛哥新王）的戰役中，葡萄牙幾乎全軍覆沒，八千人陣亡，一萬五千人被俘，國王都在戰爭中陣亡了。

這一仗讓葡萄牙元氣大傷，西班牙國王菲利普二世（Felipe II, 1527-1598）藉口自己有一半葡萄牙血統，於一五八〇年吞併了葡萄牙，使一代海上強國暫時退出了歷史舞臺。

外強中乾的西班牙也沒風光多久，由於英國女王伊麗莎白一世（Elizabeth I, 1533-1603）支持新教，鎮壓國內天主教勢力，自詡為天主教保護者的西班牙王室自然對英國看不順眼。而且那時英國女王還縱容英國人組成私掠船，搶劫來往於美洲和歐洲之間的西班牙船隻，嚴重干擾了西班牙王室的現金流，於是菲利普二世怒火中燒，對英國宣戰，派出龐大的無敵艦隊，試圖征服英國。

這一場大海戰的具體過程，本書就不詳述了。其結果是，擁有一百多艘大戰艦和三萬多兵力的無敵艦隊被不足萬人的英國艦隊打敗。史書上都把無敵艦隊的覆滅作為西班牙由盛轉衰的標誌。但正如我們前面所指出的，早在一五八八年這場大海戰之前，西班牙王室就已經多次破產了，而且其國內經濟孱弱不堪的局面，一直就沒有得到改觀。

讓我們來關注這場戰爭的一個細節——木桶。在西班牙海軍還未集結的時候，英國船隊在德雷克（Francis Drake, 約1540-1596）的帶領下，將在外君命有所不受，不等伊麗莎白女王下達攻擊令，主動出擊襲擊葡萄牙海岸，摧毀了大批的製桶材料。由於當時海船上所有鹽醃的食物，酒和水都要用桶裝，所以這個損失非常致命。西班牙花費了大半年的時間，才補充了兩萬個木桶用於戰爭。

國內木桶製造業不給力，使得西班牙從這次「十六世紀偷襲珍珠港」事件中恢復得過於緩慢，給了英國人足夠的備戰時間。而二戰時期美國在被日本偷襲了珍珠港之後，能夠迅速恢復海軍力量，重新奪取了太平洋海上的主動權，這與當時美國發達的工業製造能力是分不開的。

這個德雷克值得說兩句。此人是英國皇家海盜頭子之一，以劫掠西班牙那些運送金銀的船隻為營生。我們都知道麥哲倫（Fernando de Magallanes, 1480-1521）是環球航行第一人，其實麥哲倫並沒有回到出發地西班牙，他在菲律賓捲入土著紛爭，被毒箭射死了。德雷克其實才是全程完成環球航行的第一人，他從英國出發，又繞回了英國。更為傳奇的是，他的這次環球航行一路搶劫西班牙的美洲金銀，總計三十六公斤黃金和二十六噸白銀，創造了從古到今海盜一次搶劫的最高紀錄。

為了躲避西班牙軍艦的追捕，他從南美洲最南端的火地島（Tierra del Fuego）的南面海峽穿過進入太平洋，這個南美洲和南極洲之間的海峽第一次被歐洲人發現了，被命名為「德雷克海峽（Drake Passage）」。

德雷克認定既然美洲大陸可以從南面繞過去，那麼也應該可以從北面繞回來，於是率船沿著美洲大陸西岸一路北上，最終受阻於加拿大西海岸的冰面，他又折向西，經由東南亞和非洲好望角，勝利帶著鉅額財富繞回了英國，全程五萬八千公里，相當於繞赤道一圈半。這樣半官方半海盜的有組織打劫，是工業革命之前英國一類國家發財的重要方式之一。

德雷克先發制人的襲擊還起到了一個意想不到的效果，在西班牙準備木桶的那段時期，他們經驗豐富的海軍宿將克魯茲（Marquis of Santa Cruz, 1526-1588）突然病逝，菲利普二世派了一位高貴的公爵來指揮無敵艦隊。公爵指揮海戰能力如何不好評價，但他暈船卻是事實。這樣的角色怎麼是以德雷克為代表的彪悍的英國皇家海盜的對手？

但無敵艦隊雖敗，仍有六十多艘船和萬名水手逃回了西班牙。因此這次大海戰中西班牙雖然損失了許多戰船和水手，但也就是相當於葡萄牙「三王之役」中的損失而已。可西班牙論國土、人口可比葡萄牙龐大很多，又吞併了葡萄牙，所以無敵艦隊的這次損失，並不是多麼致命的損失。其實英國海軍雖然在戰爭中損失很小，但是勝利後，卻有六千到八千名水手因為疾病、飢餓而死亡，相對於本國海軍總數來說，英國的人員損失更為嚴重。

而很少有人知道的是，就在無敵艦隊覆滅的第二年，趾高氣揚的德雷克組織了一支龐大的英國反擊艦隊，開往西班牙，卻被西班牙裝載了新式重炮的艦隊擊退。英國和西班牙的這場大戰一直打到一六〇四年，除了第一仗英國勝利外，後面的戰鬥非平即負，不論海上還是陸地，英國沒占到絲毫便宜。

但西班牙還是無可奈何地衰落了，這是什麼道理呢？

戰爭，特別是慘烈的戰爭，往往是雙輸的結果，決定最終勝負的關鍵，是看哪一方的經濟能夠先恢復過來。在當時，論賬面實力，西班牙比英國強大許多，但論恢復能力，西班牙至少不比英國強。對於一個每年財政捉襟見肘、靠借錢度日的國家來說，一次不大的損失就可能成為壓垮駱駝的最後一根稻草。

反觀當時的英國女王伊麗莎白一世，她的座右銘是「明察無言」，說得直白一點就是，我什麼都看著呢，但我就是不說。她在近半個世紀的國王生涯中，只授予了九個貴族頭銜，最高的一個才是伯爵。此舉嚴格控制了王室和貴族階層的規模和開銷，相比於西班牙王室的揮霍無度，伊麗莎白一世領銜的英國王室的財政狀況健康多了，也更容易從戰爭中恢復元氣。

西班牙更大的損失是信譽層面的。揮舞著從美洲滾滾而來的黃金白銀，西班牙國王讓全歐洲的君王都退避三舍，避其鋒芒。英西大海戰之前，伊麗莎白女王希望本著睦鄰友好的原則，和平解決兩國在海上的爭端，一直不願開戰，就是覺得自己實在沒有勝算。西班牙的那些黃金白銀曾經讓全歐洲的銀行家都以為，這個國家是有償還能力的，因此願意借錢給西班牙。但是大海戰之後，無敵艦隊不可戰勝的神話破滅了，西班牙具有無限償還能力的神話也破滅了。

西班牙的太陽已經落山了，英吉利的太陽剛剛升起來。

第三篇

奴隸貿易是怎麼沒的

《魯賓遜漂流記》（*Robinson Crusoe*）一書中，魯賓遜身旁有個土著奴僕星期五，這個人物的出現真是神來之筆，暴露了當時世界經濟的真相。

魯賓遜是個奴隸販子

《魯賓遜漂流記》是英國作家笛福（Daniel Defoe, 1660-1731）的一部作品，書中的主人公魯賓遜流落荒島，經過艱苦奮鬥，把荒島改造成了適合自己生活的家園。魯賓遜勤奮、節儉、堅韌、有信仰的奮鬥精神也被標榜為工業革命以來西方社會資本主義精神的真實寫照。

歷史上，許多資本家的確白手起家，勤儉節約地打拚，把事業做大，就像魯賓遜在荒島那樣。但是在沒有登上荒島之前，魯賓遜都在幹些什麼呢？

如果我們重新閱讀《魯賓遜漂流記》的第一章和第二章，就會看到當時世界幹什麼最賺錢了。

魯賓遜的父親讓他做個本分人，老老實實地待在英國，努力工作，躋身中產階級。但魯賓遜卻熱衷於出海闖蕩，搭載別人的船前往非洲幾內亞，初戰告捷，用大約四十英鎊的小玩意，換了五磅多的砂金，帶回英國賣了三百英鎊。

此後歷經波折，魯賓遜居然在巴西開起了種植園，並收穫了大量菸草，只要再幹幾年，不愁有幾千英鎊的家產（在當時這可是一筆鉅款，今天的五百萬彩票頭獎與之相比，只能算浮雲）。可是魯賓遜依舊不安分，他和鄰居的種植園都缺少勞動力，他希望從非洲進口黑奴過來擴大生產，不過當時巴西的黑奴貿易被葡萄牙壟斷，要得到政府授權才行。魯賓遜發現，販賣黑奴的利潤比起開種植園還要大。

就在他猶豫要不要去獲得政府授權的時候，幾個鄰居種植園園主找到他，希望合夥弄一條船，私自去非洲販賣一船黑奴回來，每個種植園分一些，勞動力就有了。魯賓遜決定和大夥一起幹一票，不幸的是，這次航行途中船隻遇到了風暴，這才有了他流落荒島的後續故事。

這本小說出版於一七一九年，我們可以把裡面的情節看成是十七、十八世紀的寫照。魯賓遜在荒島之前的經歷告訴我們，在那個激動人心的大航海時代，單從賺錢角度講，老實工作不如海外貿易，海外貿易不如開種植園，開種植園不如販賣黑奴。

而當時最賺錢的行當，莫過於非法走私販賣黑奴！魯賓遜前往非洲的這一票生意，就是避開政府壟斷，非法地從非洲販賣黑奴到美洲的種植園。魯賓遜其實是想當個奴隸販子。

販賣黑奴的利潤有多大？在十七世紀奴隸貿易方興未艾的時期，葡萄牙人從事奴隸貿易的利潤率，據估計高達百分之九百，而同時期做其他商品的遠洋貿易，利潤率遠遠不如奴隸貿易。

三角貿易賺大錢

然而在一八三三年，大英帝國廢除了奴隸制，美國在一八六五年也廢除奴隸制，其他各國在十九世紀也紛紛跟進，在不同時期廢除了奴隸制，奴隸貿易也逐漸銷聲匿跡。這就讓我們不禁迷惑了，既然奴隸貿易如此賺錢，白人大老爺們為何放棄了這麼賺錢的買賣呢？

十九世紀，黑人根本沒有足夠的軍事實力、政治實力與白人對抗，在經濟實力上更是孱弱不堪。難道是白人良心發現，在宗教教義和社會道德的影響下，高尚地做出了解放黑奴的人性決定嗎？難道星期五的人品像雞湯一樣，感動了魯賓遜老爺的心靈，使魯賓遜幡然悔悟？

笑話！在暴利面前，上帝都得靠邊站。

一五九六年，一百三十名黑人被販賣到荷蘭，準備銷售，信奉宗教的荷蘭居民高舉道德的大旗，反對奴役黑人的暴行，他們衝進市場，解救並釋放了這批黑人。人之初，性本善，白人朋友真不錯。

但此後黑人的命運卻急轉直下。作為以海外貿易立國的荷蘭，當時最大的敵人莫過於暴發戶西班牙及其跟班葡萄牙。荷蘭曾經是西班牙的領土，後來趕跑了西班牙獨立，兩國一直兵戎相見，在海外貿易上也是水火不容。荷蘭成立自己的西印度公司的時候，就明確了公司的任務，那就是搶奪西班牙人的海外貿易份額。

在西班牙忙於歐陸戰爭的時候，荷蘭開始抽冷子襲擊南美，荷蘭人把攻擊目標選定在了巴西——葡萄牙的殖民地，當時葡萄牙已經和西班牙合併，因此襲擊巴西就是打擊西班牙。荷蘭人的算盤打得很好，他們希望巴西那些被西班牙欺凌的印第安人和非洲黑奴會揭竿而起，配合自己一起攻擊西班牙，同時還能奪取巴西種植園，一舉兩得。

攻擊很成功，荷蘭人順利地奪取了一些巴西種植園。但是，西班牙種植園園主不是傻瓜，他們帶著奴隸和財寶逃跑了，只給荷蘭人留下空空的種植園。荷蘭人試圖把本國農民送到巴西開墾種植園，然而熱帶種植園的工作太辛苦了，荷蘭農民都不願意幹！

「在巴西，沒有奴隸，什麼事都做不成。」荷蘭殖民者在一份報告中悲哀地寫道。在利益面前，宗教信仰都關進教堂別放出來吧！為了恢復種植園的生產，為了打敗宿敵西班牙人，荷蘭人把上帝拋到了腦後，他們也要毫無顧忌地使用黑奴了。

當時，作為與西班牙合併的條件，葡萄牙人取得了奴隸貿易的壟斷資格，荷蘭人既然鐵了心要做奴隸貿易，就必然要和葡萄牙人一決雌雄。對付氣勢洶洶的西班牙人，荷蘭人只能靠防守反擊；而對付葡萄牙人，荷蘭人就可以全攻全守了。荷蘭軍隊很快打敗葡萄牙人，占據了幾個非洲沿海重要的奴隸貿易港，把奴隸裝上船後，運送到中美洲加勒比地區（Caribbean Area）的法國和英國殖民地出售，總之是不能讓西班牙和葡萄牙的殖民地得到奴隸。

看到西班牙、葡萄牙和荷蘭靠著奴隸貿易發家致富，在美洲有自己殖民地的英國和法國自然是不甘落後的，他們也紛紛加入到奴隸貿易的「事業」中。比如英國的港口城市利物浦（Liverpool），在一七〇九年，只有一艘販奴船駛向非洲；二十年後，販奴船的數量就增加到十五艘；到了一七七〇年左右，販奴船竟然已達一百多艘。在十八世紀，靠著奴隸貿易，利物浦每年有三十萬英鎊的純收入；從一七〇九年到一七八七年間，英國對外貿易的航行噸位增加了十四倍，大多都直接或間接地與奴隸貿易有關。

而且，英國和法國加入奴隸貿易中後，在歐洲、非洲和美洲之間，建立了一種三角貿易，即從歐洲裝上酒、軍火、棉織品、裝飾品等貨物，前往非洲與出售黑奴的部落交換奴隸；然後把黑奴運送到美洲各地，交換那裡的礦產和農產品，比如蔗糖、棉花等；最後帶著礦產和農產品回到歐洲，賣掉貨物。

完成一次三角貿易，奴隸販子大概需要花費六個月時間，而利潤可達百分之一百到百分之一千。

像英國、法國這些在美洲殖民早期沒有找到黃金白銀的國家能夠實現經濟騰飛，工業革命當然是功不可沒的，但如果沒有奴隸貿易，美洲殖民地就沒有足夠的勞動力，歐洲的工廠也就缺少美洲出產的原物料，這些國家的經濟發展必然大打折扣。

人們經常說市場經濟裡有隻「看不見的手」，其實在歐洲資本主義發展的早期，還有一隻「血腥的手」，靠著剝削無數黑人奴隸的血汗和生命，歐洲白人實現了野蠻的原始積累。

看不見的手扳倒血腥的手

我們前面的那個問題「為什麼白人作出了解放黑奴的決定」還沒有解答。別著急，答案馬上揭曉，不需要等到廣告之後。

其實，真正讓奴隸貿易走向衰落的原因，正是我們剛剛談到的經濟上的「看不見的手」。

早期的販奴貿易是暴利行業，但就像所有行業都會經歷從朝陽產業到夕陽產業的規律一樣，奴隸貿易的利潤率也在逐漸走低。

首先是奴隸成本的增加。我們對清朝末年清軍被英國、法國等列強打得滿地找牙的屈辱史印象深刻，可能會以為歐洲人在對付非洲土著部落的時候會輕而易舉地拿下，其實不然。清朝與英國正規軍正式交手是在一八四〇年的第一次鴉片戰爭，那時候英國已經船堅炮利，軍事技術遠勝清朝。可販奴貿易最猖獗的時期是在十八世紀，那時候歐洲各國的軍事技術還不像鴉片戰爭時那麼先進，對付冷兵器武裝的優勢是有的，但也很有限。

非洲土著部落當然實力不如清軍，但他們有自己的天然優勢，就是非洲的叢林環境。正如一位白人作家描述非洲時所說，「火炮只能打進內陸一丁點兒的距離」，當時歐洲人的軍事優勢只能在海岸線附近逞強，一進入叢林作戰，土著部落可以把白人侵略軍當猴耍。

另一個讓歐洲殖民者頭疼的麻煩是非洲的各種古怪疾病。世界上一些赫赫有名的疾病，追根溯源都是從非洲首先發現並傳播的。白人就算能夠占據非洲的叢林地區，由於當時衛生水平落後，他們也會被叢林裡的瘴氣、濕熱和各種疾病打敗。

所以，奴隸販子要得到黑人奴隸，最好的方式是與非洲一些部落合作，給這些部落提供軍火，讓他們幫助自己抓奴隸。奴隸貿易剛開始的時候，許多非洲黑人毫無戒備，因此很容易抓獲大量的黑人當奴隸，白人支付給每個奴隸的價格也很低。隨著非洲各個部落大打出手，相互抓捕對方，白人購買黑人運走做奴隸的消息也傳遍了非洲大陸，再想抓人就不那麼容易了，抓人部落的成本上升，他們向白人的要價也提高了。

那些幫白人抓奴隸的非洲部落，除了需要軍火和一些歐洲的工業產品外，還需要一種特殊的東西——貝殼。在當時非洲的一些地區，貝殼是作為貨幣使用的，甚至還可以兌換非洲出產的黃金！

通過貝殼與黑人奴隸的比價關係，我們可以一窺奴隸成本的上升。

歐洲人對奴隸的需求旺盛，但非洲沿海的貝殼量不足，於是曾一度控制印度洋的葡萄牙人就從印度洋找到貝殼產地，裝滿整船的貝殼，運送到非洲換奴隸。此後，擊敗葡萄牙的荷蘭人和再後來擊敗荷蘭的英國人也都加入到貝殼換奴隸的生意中。

剛開始的時候，大約一百二十英擔的貝殼就能買到一整船約五六百個黑人奴隸（一英擔等於一百一十二磅，大約為一百斤）。但隨著抓捕難度的加大，以及黑人部落要價的提高，一整船奴隸的價格很快上升到了二三百英擔。十八世紀一個在西非的奴隸販子抱怨說，購買一個奴隸的價格從一百磅貝殼上漲到一百三十六磅，從十二枝槍上漲到十六枝槍，從五包巴西菸草上漲到七包，從二十五匹亞麻布上漲到三十六匹，從一桶（約四十升）法國白蘭地上漲到一桶半，從十五磅火藥上漲到一百五十磅。這還僅僅是奴隸販子在不長的時間裡觀察到的成本上升。實際上，奴隸貿易中「採購」奴隸的成本是長期上揚的，吞噬了奴隸販子的一部分利潤。

奴隸販子的運輸成本也不容忽視。有人估算，平均每運送一名黑人奴隸到美洲，途中病死的奴隸竟達五名之多，即使那些抵達美洲種植園的奴隸，也有三分之二在不到三年中死去。而且，不要以為死亡悲劇只降臨在黑人身上，販奴船上的水手死亡率也相當的高，一趟下來，死掉五分之一的水手，都算計劃內損耗。

成本越來越高，這販奴的生意也不好做了。

最終給奴隸貿易致命一擊的，不是宗教人士的大聲呼籲，也不是紳士們的慈善之心，而是工業革命帶來的機器設備。

就拿棉花種植園來說吧。英國的起家行業是紡織業，前面章節我們已經談過了，而大西洋對岸的美國早年則是棉花生產大國，棉花專供英國和其他國家紡織業做原料。在沒有合適機器設備的時候，棉花從種植到收穫，需要大量的勞動力，因此美國南方的棉花種植園對黑人奴隸的需求量一直很大。

一七八二年，美國耶魯大學的畢業生伊萊・惠特尼（Eli Whitney, 1765-1825）發明了軋棉機，一種使種子和棉花纖維脫離的機器。人們需要棉花纖維來製作衣服，但是裡面的種子粘在纖維上，如果不去掉，就會「污染」製成品。如果手工清理棉花，一個勞動力一天只能清理一磅的棉花；可是有了軋棉機之後，一個勞動力一天可以把五十磅的棉花清理乾淨，勞動效率提高了五十倍！

如果種植園棉花產量不變，那麼軋棉的環節會因為軋棉機的出現，減少百分之九十八的勞動力。實際的情況當然沒這麼簡單，機器設備帶來對勞動力的需求減少，卻伴隨著種植園面積擴大對勞動力的需求增加，兩者抵消，美國對非洲黑人奴隸的需求在相當長一段時間並沒有下降。美國出口英國的棉花在一七九二年只有十五萬磅，八年後暴增了十倍；到一八五〇年，總計已經有七千萬磅棉花出口到了英國。顯然，隨著英國等歐洲國家對美國棉花的需求量不斷增加，美國的棉花種植園主也在擴大生產，他們開闢出更多的土地，建造更多的種植園來生產棉花。

但機器設備在一定程度上改變了黑人奴隸的命運。當種植園需要使用機器設備時，種植園園主就得培訓黑人奴隸熟練地使用機器，讓這些過去認為只是「牲畜」的黑人發揮他們的聰明才智，而不只是賣苦力。而且黑人的技術越熟練，種植園主就得對黑人越好一些，這樣才能從黑人身上榨取更大的利潤嘛！把黑人往死裡整的粗暴管理方式，對種植園園主沒有什麼好處。

當黑人熟練地操作各種機器設備，在各個行業各個環節高質量地完成工作時，關於黑人智力低下的社會謬論就不攻自破了。所以，機器設備不僅扭轉了種植園對黑人勞動力的需求趨勢，改善了黑人的工作待遇，而且還成功扭轉了白人社會對黑人的歧視性偏見。宗教界人士和道德家們開始呼籲解放黑人奴隸，他們掀起了聲勢浩大的廢奴運動，許多歐美國家相繼廢除了奴隸制。皮之不存，毛將焉附，奴隸貿易也衰落了下去。

奴隸貿易給工業革命提供了一隻血腥的助力之手，工業革命則伸出市場那隻看不見的手，最終要了奴隸貿易的狗命。

非洲酋長們為什麼沒發大財

在我們譴責奴隸貿易這種血腥交易的同時，有個問題值得我們深思：依靠奴隸貿易，白人積累起工業革命的第一桶金，至少也是那桶黃金裡的一部分，那麼作為黑人奴隸「產地」的非洲大陸，販賣黑人奴隸的非洲酋長們為什麼沒有借助奴隸貿易，走向富強之路呢？是陰險狡詐的歐洲白人欺騙了淳樸善良的黑人兄弟，用不值錢的小商品換到了價值不菲的奴隸資源嗎？

考慮到奴隸貿易一開始的確是個暴利行業，白人欺騙黑人的說法也有一定的道理。但是，當奴隸貿易對於歐洲白人來說是暴利行業的時候，對於非洲酋長們來說，這個貿易同樣是暴利行業。非洲酋長們只需要帶人去抓一些別的部落的黑人回來，就可以換回槍枝、菸草、酒，還有貨幣——貝殼。槍枝、菸草等商品，如果讓非洲酋長自己生產，成本太高昂了，甚至他們根本生產不出來。

因此，如果非洲酋長們的奴隸抓捕和販賣生意可以用貨幣來量化的話，毫無疑問，他們從事的交易絕對是暴利行業，其利潤率絕對不遜色於歐洲來的那些奴隸販子。

而且，即使對於歐洲白人來說，槍枝、菸草、酒也都是好東西，普通白人不見得能經常使用或享用，這些絕對不是不值錢的商品。貝殼雖然可以一船一船地從印度洋運來，也需要運輸成本。這些東西都不能算是不值錢的小商品。

再說了，黑人兄弟也是人，沒那麼好騙的，他們也會判斷某種商品值不值。

當歐洲白人的奴隸貿易的利潤率下降的時候，非洲酋長們的利潤率估計也在下降。這主要是因為抓捕黑人奴隸的難度增加了，各個部落都提高了警惕性，打得過就打，打不過就逃，不會輕易被抓。換個冷血的經濟學說法，奴隸貿易的生產成本增加了，導致整個行業的利潤率下降。

非洲酋長沒有發大財、富國強兵，似乎怪不到狡詐的白人頭上。

真正的原因要從經濟模式上尋找。非洲酋長的經營模式是掠奪式的，搶奪別人的財富（含勞動力）來滿足自己的欲望。從非洲整體角度看，這種經營模式是「零和遊戲」甚至「負和遊戲」，一個部落財富的增加，是建立在另一個部落勞動力減少的基礎上的，而且抓捕黑人的行動也伴隨著武裝衝突，衝突就有財產損失和人員傷亡。所以非洲整體的財富並不會積累和增加，甚至還會降低。

反觀歐洲白人，他們獲得了黑人奴隸後，用於種植園和礦山，生產棉花、咖啡等經濟作物和開採礦石，這是一種利用勞動力創造物質財富的過程，而且是一種可以長期經營下去的產業，能夠長久地帶來財富。

而且非洲黑人被販賣到美洲後，只要能夠活下來並繁衍下去，那些種植園園主就能夠自己「生產」黑人奴隸了，供給增加了，就減少了對非洲黑人奴隸的進口，打擊了非洲酋長們的發財渠道，奴隸貿易的利潤率必然下降。

歐洲白人也好，非洲酋長也罷，他們能否長久地發財致富，並不取決於販奴貿易的利潤率高還是低，而是看經營模式是否具有可持續性。

從販奴貿易中我們可以看到，掠奪式的經營模式雖然貫穿了人類的歷史，從遠古的遊牧民族襲擊農耕民族，到後來的海盜旗飄揚四海，再到近現代的許多掠奪戰爭，這種經營模式的確讓某些掠奪者獲益了，但卻並不會讓掠奪者長久地獲益。

面對近代以來歐美列強的經濟崛起和政治崛起，我們當然要譴責他們用血腥的手獲得的利益，但不要一葉遮目，不見泰山，更應該看到他們建立起來了可以長久創造財富的經營模式。

非洲酋長沒有發財致富，就是因為沒有建立起可持續的經營模式，他們就連白人的經營模式也沒有照貓畫虎地移植到非洲。前面我們已經談到，白人無法適應當時非洲的熱帶環境，又有疾病的威脅，因此才選擇不在非洲本地直接開闢種植園，而是把黑人奴隸運送到美洲大陸。這本來應該是非洲黑人的機會，他們比白人對非洲自然環境更加適應，對非洲的各種疾病的抵抗力也更強，如果當時某個非洲國家能夠引入種植園的經營模式，在非洲種植棉花、咖啡、甘蔗等經濟作物，起碼從勞動力成本的角度說，比起美洲種植園還更有優勢。

如今，非洲大陸遍布著種植園，可是時過境遷，那些曾經風靡全球的種植園作物，只能算是初級產品，賣不上什麼價錢。可惡的歐美白人又玩出了深加工和品牌戰略之類的花招，咖啡豆是非洲產的，但雀巢公司卻是瑞士的。沒有了血腥的手，那幫白人依然在賺錢。

為什麼賺錢的總是他們？

第四篇

從羊吃人到日不落

如果把世界歷史從經濟的角度劃分時期，不同的人會有各自的劃分。但如果把這種劃分局限在只劃分為兩個時期，相信許多人都會把英國工業革命之前的漫長歷史劃入一個時期，而把工業革命之後短短的幾百年歷史劃入另一個時期。

英國，一個歷史上曾經被海盜蹂躪，又被歐洲大陸人入侵，面積只有二十多萬平方公里的「小」不列顛島上分邦林立的國家，為什麼會在十七世紀脫胎換骨，徹底改變了世界歷史的走向呢？

這一切巨變的根源，來自溫馴的綿羊。

可惡！愛心地被人霸占了

在十五、十六世紀的英國，草地、森林、沼澤等都屬於公共用地，誰都可以使用。耕地雖然是有主人的，但是按照當時的習俗，在收割完莊稼後，農場主也要把柵欄拆除，敞開耕地，作為公共牧場，任由他人來放牧。

當時英格蘭費了九牛二虎之力，終於把威爾斯和蘇格蘭合併進來，形成了統一國家，對外貿易開始發展。做貿易就得拿出別人想要的貨，但是英國當時真是一窮二白，唯一像樣的商品只有羊毛。

中世紀，未加工羊毛是英國的主要出口產品。十六世紀，半成品布料成為英國主要的出口品。一六〇〇年的時候，羊毛和精紡毛織品占英國總出口的三分之二。

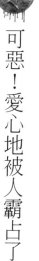

羊毛當然是出在羊身上的，養羊能賺錢，於是大量的人開始養羊。

這些英國牧民開心地發現，自己國家的草場屬於所有人，耕地在收穫之後也可以隨意進入，這簡直就是十六世紀的開心農場裡的愛心地嘛！大量的牧民驅趕著自己的羊群，撲向了所有長著草的土地。

糟糕的事情發生了，英國人很快發現，他們的土地開始退化，同樣地塊能飼養的羊變少了。羊多草少，一些地方貴族為了自己的羊群有草吃，開始用圍欄將公共用地圈起來，據為己有，禁止其他人在圈起來的地裡放羊。著名的「圈地運動（enclosure movement）」開始了。一開始這些有權有勢的人圈的是公共草場，等到公共草場瓜分完畢後，可惡的貴族們開始利用各種手段，把農民從他們自己的土地上趕走，把土地變成私人牧場。大批農民和牧民在圈地運動中失去了賴以為生的土地。

由於大批民眾流離失所、生活窘迫，一些有良心的學者們怒稱，圈地運動是「羊吃人」，為了自己的私利養羊，卻把人從土地上攆走。

圈地運動的結局卻給了這些學者當頭一棒。沒過多久，英國人驚奇地發現，英國的土地質量變好了，到處都是綠草如茵的田園風光。是圈了地的貴族們都是環保人士，不養羊了嗎？不是，當時英國養羊業穩步增長，到十六世紀五〇年代初，達到了養羊業的高峰，大量羊毛出口海外，貧窮的英國佬也開始闊綽了。

許多土地用來養羊，英國的糧食產量會不會下降呢？

竟然也沒有！在羊毛大量出口的同時，穀物並沒有因圈地而減產，反而有所增加！據記載，英國在十六世紀上半葉，平均每個港口出口糧食九十噸，到下半葉就漲到了三百噸。十六世紀下半葉英國的糧食出口量，比十五世紀上半葉高出六至八倍。這些出口數據表明，當時英國的糧食不僅能滿足本國的需要，還能大量出口。在十七至十八世紀，英國甚至被稱為「歐洲的糧倉」！

對此，一位經濟學家評論說：「這不是一個童話現象，而是一個突出成就的反映。」

當時的一首詩也反映了圈地運動後的情景：

走盡天涯海角
任憑你尋找
有哪裡能比圈地更美好
生產更多的牛羊肉
最好的穀物、奶油和乾酪

圈地運動為什麼在英國刺激出了更多的物產，同時又讓環境沒有惡化呢？要回答這個問題，讓我們置身於一幕場景中。

假設你是一個牧民，與其他一些牧民一同在一塊公共草場放牧。你想多養一隻羊，增加自己的收益。當然你也知道，這個草場上的羊已經太多了，再增加羊的數目，將使草場的質量下降。這時候，你還想多養一隻羊嗎？請從自己的經濟利益角度思考半分鐘。

顯然，如果每個人從一己私利出發，就會毫不猶豫地多養一隻羊，因為收益完全歸自己，而草場退化的代價則由大家負擔，平攤到自己頭上的損失遠遠小於多養一隻羊獲得的收益。但麻煩的是，當每一位牧民都這樣思考時，經濟學中所說的「公地悲劇（Tragedy of the commons）」就上演了——草場持續退化，直到無法再養羊，而所有的牧民也將面臨破產。所有參加「遊戲」的人最後全是輸家。

怎樣才能破解這種公地悲劇呢？

英國的圈地運動就是一個還算成功的案例，其成功的奧秘就是土地產權的建立。當英國的土地被圈起來，由公地變成私人領地的時候，那些貴族擁有者對土地的管理更高效了。一方面，既然土地是自家的，為了自己的長遠利益，土地所有者會儘量保持草場的質量，不會過度放牧。另一方面，土地兼併後，原來一家一戶的生產方式演變為大規模的生產方式，勞動效率大大提高。

過去人們以為圈地運動使英國鄉村人口銳減，但是事實上人口減少僅僅是暫時現象，當那些大農場主引入農耕新技術後，反而增加了對勞動力的需求，農業人口在增加。直到十九世紀下半葉，隨著打穀機、收割機、蒸汽泵引犁等高效農業機械的引進使用，英國農業勞動力的絕對數量才開始減少。

與此同時，英國的農業生產率繼續提高，不僅能夠養活迅速增長的人口，而且使營養條件得到不斷改善。事實上，從一六六〇年至一七六〇年期間，英國農產品保持了將近一個世紀的貿易順差。高效的農業、增產的糧食帶來了英國人口的增加，然後更多的人口進入城市裡的工廠，英國工業獲得了大量的勞動力。

從道德上講，「圈地運動」是不公正的，貴族往往用權勢和暴力非法獲得土地；但從結局上看，不公正總比完全毀滅要好。如果沒有圈地運動，小小的大不列顛島可能早就被綿羊啃成了沙丘。

圈地運動讓英國農牧業突飛猛進，最終給所有的英國人帶來了實惠。這種實惠從十七世紀英國人的食物中就可以看出來。當時英國的農民及勞工平時都可以吃到肥臘肉、肥鹹肉、乾奶酪以及粗麵包等，以致當時有人認為：「世界上再也沒有一個國家，其低層階級的人能比英格蘭人有更好的食品。」這就是圈地養羊，建立了土地產權後所帶來的最直接的效益。

土地不會走，它固定在一個位置，使人們可以成功地建立土地產權。現在世界上土地保護好的地方，往往都建立了土地產權，而那些土地破壞嚴重的地區，恰恰是還沒有建立土地產權的地區，從反面印證了產權對付公地悲劇的有效性。土地產權制度解決了人的私利性和生態環境之間的矛盾。

英國正是從「圈地運動」開始，踏出了建立日不落帝國征途的第一步。

瓦特身後的神秘社團

如果僅僅靠出口羊毛和糧食賺錢，昔日的英國也只能算是個農業大國，而當時地大物博的國家多得很，輪不到英國稱王稱霸。圈地運動只是讓英國達到了小康社會而已，真正發家致富，就得「內力」和「外功」兼修，這裡所說的內力，就是一個國家的製造業生產能力，英國當年依靠全球首發的工業革命，完成了內力的提升。

提到工業革命，人們就會想到瓦特（James Watt, 1736-1819）和他發明的蒸汽機。但瓦特發明蒸汽機的過程，絕不是看到水蒸氣頂翻了水壺的蓋子，就如法炮製造出了改變世界的蒸汽機。瓦特碰到的困難遠比我們想像的要多，幸虧，一個神秘的社團站在瓦特的身後，多次向瓦特伸出了援手。

當時英國採煤業方興未艾，但煤礦主對一個問題非常頭疼：礦井浸水。地層和地面的水會滲入礦井中，使礦工們沒辦法繼續工作。只有用高效的抽水機把水抽出來，礦井裡的煤才可以繼續開採。要製造高效的抽水機，就需要發明高效的蒸汽機。

當年瓦特開始研發高效的蒸汽機時，歷經無數次失敗，許多投資都打了水漂，把投資人搞破產了。不巧瓦特的妻子又去世了。倒楣到極點的瓦特在悲觀、貧困、苦悶和失望之餘，打算離開英國這片傷心地，偷渡到俄國去，在冰天雪地中了此殘生。

就在這時，一個叫做博爾頓（Matthew Boulton, 1728-1809）的人找到了瓦特。此人原本是個紐扣商人，富有雄心壯志和大膽創造的精神，對任何機械方面的改進都感興趣。一七六二年，他建造了當時最現代化的索霍工廠（Soho Manufactory）。工廠中裝配了幾十臺機器，由一千名工人操作，生產從髮夾到望遠鏡大小幾十種當時被視為十分時髦的工業產品。當時，博爾頓有一個工廠是靠水輪機為動力生產的，一到旱季水量減少，工廠就無法生產，這讓博爾頓很煩惱。

博爾頓聽說瓦特長期研製新型蒸汽機的事情，便極力挽留瓦特繼續幹下去，博爾頓給瓦特提供試驗車間和廠房，並拍著胸口保證，將來蒸汽機所帶來的收入的一半歸發明人瓦特所有。他甚至讓出了自己的老房子給瓦特一家居住。

讓瓦特驚掉下巴的事情還在後面，博爾頓介紹他參加了一個神秘的組織——月光社（Lunar Society）。這個社團裡的成員，都是當時英國科學界響噹噹的人物，比如創始人之一伊拉斯謨斯・達爾文（Erasmus Darwin, 1731-1802），此人是那個提出進化論的達爾文（Charles Robert Darwin, 1809-1882）的爺爺，當時英國最有名望的醫生，據說當年英國王室想聘請其擔任皇家御用醫生，竟然被其婉拒了。

瓦特是工廠學徒工出身，早年接受的科學教育很少。在月光社裡，瓦特算是大開眼界，他結識了化學家普里斯特利（Joseph Priestley, 1733-1804），後者告訴瓦特什麼是氧氣，什麼是二氧化碳；月光社裡的天文學家向瓦特講述了行星圍繞太陽做圓周運動，這啓發了瓦特研究出一套類似星系的齒輪聯動裝置，把當時活塞的往返直線運動轉變為齒輪的旋轉運動。

瓦特蒸汽機研發屢次失敗的一個主要原因，是手工錘打的錫製汽缸總是漏氣。此時，月光社另一成員、綽號「鐵瘋子（Ironmad）」的威爾金森（John Wilkinson, 1728-1808）向瓦特伸出了援手。威爾金森拆卸了瓦特的蒸汽機樣品，發現汽缸外面作為密封條的竟然只是浸水的繩子，汽缸壁粗糙的如同不列顛島的海岸線。這不是蒸汽機，這是漏氣機啊！

威爾金森的獨門絕技是高質量的車床，可以進行高精度的金屬切割，從而製造出打得更準和更遠的火炮。當時英國的喬治國王（George III, 1738-1820）都要到威爾金森的工廠採購這樣的火炮，來鎮壓北美殖民地的反叛。車床可以造火炮，也能造汽缸。威爾金森用他的鑽鏜工具重新鑄造了瓦特易漏的汽缸。他發現重新鑄造後的汽缸密不透氣，使用新汽缸的引擎比起原先的引擎，可以產生四到五倍的動力，已經可以使風箱運轉。新的蒸汽機可以提供二十五馬力到四十馬力的動力，是原來蒸汽機所能提供動力的五到八倍。

威爾金森是個通情達理的商人，他告訴博爾頓和瓦特，本人可以把你們的蒸汽機性能提高五倍以上，想不想用我的高質量汽缸？我可以賣給你們汽缸，但你們只能從我這裡訂購，我要獨家供應權。

成交！博爾頓和瓦特毫不猶豫地同意了。

即使有了這些牛人的鼎力相助，瓦特仍舊一次次地失敗，連財大氣粗的博爾頓也快被拖破產了，不得已出售自己的家產。幸虧瓦特借鑒了達爾文爺爺發明的鵝毛筆的啓發，設計出一種壓印機，在市場上很暢銷，回籠了資金，繼續蒸汽機的研發。

一七八二年，一種全新的聯動式蒸汽機終於誕生了，訂單滾滾而來，博爾頓和瓦特終於熬到了獲取回報的一天。當時的英國國王也來參觀蒸汽機製造廠，問博爾頓製造的是什麼東西，博爾頓很拽，回答說：「陛下，我正忙於製造一種君主們夢寐以求的商品。」國王一聽，這機器居然和我本人有關啊，忙問，到底是什麼呢？

博爾頓回答道：「是力量，陛下。」

博爾頓和瓦特的蒸汽機降低了人們獲取動力的成本，據估計，使用蒸汽機的成本大約只是原來使用馬匹成本的十分之一。成本下降必然帶來工廠、礦山生產效率的提高。

無視經濟的瘋子帶來經濟飛躍

工業革命的力量來自蒸汽機，蒸汽機的力量來自瓦特、博爾頓和月光社成員們的智慧投入和資本投入。發明家和投資家個人的貢獻固然是優良蒸汽機誕生的直接原因，但工業革命首先發端於英國，而不是當時國土、人口和物產更豐富的法國、中國，背後的根本原因，是當時英國對知識產權的保護。

知識產權的保護，其實和前面談到的圈地運動中對土地產權的保護，是一脈相承的。人們頭腦中的思想、智慧與土地一樣，都是重要的「生產資料」。當時的英國多次頒布法律，保護發明者的權益，讓發明者可以從自己的發明中獲得收益。這些法律極大地鼓勵了當時英國人的發明熱情。

此外，博爾頓與瓦特分享蒸汽機收益的君子協定，可算是資本與智慧的結合。既然有的人有發明的智慧，缺乏研發的資金，另一些人有充足的資金，卻缺乏發明的智慧，兩者就可以通過合同等法律許可的形式，明確未來收益的分配比例，就可以一起合作，共同研發了。當時的英國在這方面的法律同樣走在了各國的前面。

其實工業革命時期的一些發明家，並沒有從自己的發明中獲得足夠豐厚的回報。比如發明珍妮紡紗機（Spinning Jenny）的哈格里夫斯（James Hargreaves, 1720-1778），他的專利申請被政府部門拒絕了，本人因為受到機器破壞團體的攻擊而被迫出逃；發明水力紡紗機的阿克萊特（Richard Arkwright, 1732-1792）雖然去世時富甲一方，但他的財富大部分都並不是來自專利，而是來自他的經營收入，他的專利早就被其他生產者竊取並使用了。

雖然許多發明家得不償失，英國當時不尊重知識產權的現象也經常發生，但畢竟英國人對知識產權和科技創新的重視程度已經領先於世界，這股鼓勵創新的風氣，讓英國的科技水平迅速提高，並在相當長的時間裡相比其他國家保持領先優勢。

那麼，我們怎麼看待給予瓦特很大幫助的月光社呢？

這些人結成社團的原因，僅僅是對科學和其他學科的愛好，而並非為了一起探索發財的途徑。但客觀地說，在月光社的會議上，成員們高談闊論，相互啓發，許多傑出的發明就這樣產生了。在工業革命早期階段，英國的許多科學技術創新的背後，都有月光社成員的影子。

縱觀人類的經濟史，但凡出現重大的經濟飛躍時，往往背後都有科技進步的支撐。如果人都是純粹的經濟動物，完全堅持無利不起早的原則，那麼像瓦特發明的蒸汽機這樣沒譜又燒錢的事情，就沒有人願意幹了，工業革命也就無從談起。正是因為歷史上總有一些瘋狂的發明家，他們不計代價地去探索、鑽研，才讓科學有了發展，讓經濟獲得了新的「力量」。

順便說一下月光社的結局。這樣一幫在月光下「閒扯淡」的人物，肯定不喜歡英吉利海峽對岸那個「朕即國家」的法國。當時的法國對私人產權、知識產權的保護要落後得多，國王擁有至高無上的權力，像達爾文那個醫生爺爺拒絕王室聘書的事情，在法國簡直不可想像。於是當法國大革命爆發時，月光社的成員歡呼雀躍，認為這是自由和理性的勝利。

他們的舉動在當時的人看來，實在是大逆不道。保守人士憤怒地煽動民眾，矛頭指向月光社，普里斯特利的住宅、實驗室、儀器以及他二十年的研究記錄統統被燒毀了，博爾頓和瓦特的工廠裡，工人也被煽動起來罷工和造反。反對月光社的行為在英國蔓延。經此浩劫，月光社銷聲匿跡了。

把皇家特許狀貼遍全球

月光社雖然被英國民眾卸磨殺驢，但英國的內力已臻爐火純青的地步，為天下各路門派所仰視。光悶在家裡苦練內力，門外隨便一個有三腳貓功夫的人也不會拿自己當回事。英國人確定、一定以及肯定是要用外功來揚威天下的。

這揚威立萬的第一招，怎麼打出呢？其實工業革命早期往前的年代，英國王室同歐洲大陸的許多王室相比，根本就是個窮鬼。法國、俄國王室家底殷實，又有無上的權力做後盾；西班牙、葡萄牙從美洲搜刮來一船又一船的金銀，富甲天下。英國國王看著這些鄰國的財富，十分眼饞，也想分一杯羹，無奈手頭太緊，根本沒錢組織殖民探險隊，到世界各地去尋找財富。

怎麼辦呢？不能給實的東西，就玩點兒虛的吧。英國王室授權屬下臣民，允許其中的探險家成立私人殖民公司，可以前往亞洲、美洲去開拓殖民。王室還裝模作樣地給這些探險家頒發了「皇家特許狀」，向他們作出承諾，只要他們能在殖民地生存下去，就可以在自己建立的殖民地上擁有種種開發、管理和貿易壟斷特權。

一句話，國王很看好你們呦，但你們只能自力更生、自我發展、自生自滅，自己「打怪升級得裝備」去吧。

令人意想不到的是，就是皇家特許狀這一紙空文，激發起無數英國人的萬丈豪情。一六〇六年，倫敦的二十一名商人從國王那裡取得在北美洲北部地區殖民的皇家特許狀，成立維吉尼亞公司（Virginia Company），集資運送了幾百名移民到北美洲，建立了第一個永久殖民地。

還沒見到財富的影子，這些殖民者先品嘗到了冒險的艱辛。沒有正規軍保護、各種物資缺乏、殖民經驗不足，這些不利因素讓英國早期的殖民者還沒有享受到豐收的喜悅，就命喪黃泉了。一六二三年，英國皇室進行的一次調查表明，移民到維吉尼亞的六千人中有四千人已死去。如此高的死亡率都沒能阻擋英國的漁民、農夫、退伍士兵和不安分的士紳前赴後繼，跨越大西洋，撲向那片陌生的新大陸。

是什麼讓這些英國佬視蠻荒的危險於不顧，遠離故土去冒險？那張皇家特許狀！

雖然那張紙並沒有給殖民者任何眼前的好處，但是卻承認殖民者對殖民地的各種產權，他們只要成功地開發了殖民地，並長久地紮下根來，英國王室承認他們對土地、物產的私人產權。未來的收益雖然是虛無縹緲的，但只要在殖民地辛苦耕耘，就有見到財富的希望。

希望！皇家特許狀給了兩手空空的殖民者希望！

私人產權絕不僅僅保障了殖民者的未來收益，它對於英國的崛起，也起到了至關重要的作用。讓我們對比一下西班牙的情況，就一目瞭然了。西班牙人到海外開拓殖民地時，大多獲得了國王的資助，但同時，國王也宣布，他們征服的土地以及土地上的物產，都歸西班牙國王所有。殖民者並不是殖民地的主人，他們只是在殖民地上為國王這個老闆打工而已。如果老闆哪天不高興了，可以直接解雇了這些打工仔，然後換一批打工仔過去管理。

沒有對土地的私人產權，殖民者自然不會考慮殖民地的長久經營。西班牙殖民者每到一地，幹的就是兩件事情，一是殺掉當地的印第安人，二是搶奪財寶和礦藏。短期獲利是豐厚的，但資源掠奪殆盡後，西班牙的殖民地只留下荒蕪和貧窮。

英國殖民地的情況則完全不同。英國向海外殖民之初，軍事力量還不足以和西班牙、葡萄牙抗衡，所以置身海外的英國殖民者只能避開強大的西班牙、葡萄牙殖民者，在人跡罕至、礦產貧乏、土地荒涼的北美大陸建立殖民地。殖民地剛建立的時候，能吃飽肚子已經萬幸，根本談不上發財致富。但是，由於土地是自己的，英國殖民者對殖民地的建設思路就不是掠奪式的，而是發展式的。他們開拓種植園，種植市場需要的菸草、茶葉等經濟作物，慢慢地擺脫了貧苦的狀態。在英國一百多年的北美殖民史中，英國人先後建立了十三個殖民地。此外，英國還在西印度群島、印度、非洲、澳大利亞等地也建立了殖民地。曾經落後的英國，正在依稀浮現出大英帝國的風采。

需要強調的是，到了十七世紀初，英國這些海外殖民地的貿易都是被各種私人殖民公司所掌控的。比如我們熟悉的東印度公司，就掌握了印度、中國、香料群島的貿易，維吉尼亞公司則掌握著美洲地區的貿易，非洲公司控制著西非地區的貿易……私人殖民公司的大量繁榮，使得一天二十四小時，太陽光總能照耀到一片大英帝國的殖民地，國強民富的日不落帝國誕生了。

第五篇

英鎊、黃金和牛頓爵士

如果要評選古往今來偉大的科學家，也許伽利略（Galileo Galilei, 1564-1642）、牛頓（Sir Isaac Newton, 1643-1727）、達爾文、愛因斯坦（Albert Einstein, 1879-1955）會成為呼聲很高的候選人；如果一定要評選科學家中的「一哥」，大部分人的選票會投給英國的艾薩克・牛頓爵士。牛皮不是吹的，也不是燉的，牛頓憑一己之力，發現了牛頓三定律、萬有引力定律，創立了微積分和光粒子說。這麼偉大的人物，女王封他個爵士當當，也算實至名歸吧。

非也，非也，大牛人牛頓獲得爵士頭銜，還真不是靠他的科學名頭，而是靠他的經濟學和金融能力。從牛頓對經濟的貢獻談起，我們就此揭開了黃金與白銀幾百年恩怨情仇的劇情……

「大剪刀」向銀幣下手

在人類文明的最初，貨幣的種類是五花八門的，有用貝殼的，有用石頭的，還有用各種金屬的。後來，世界上的貨幣逐漸統一到了價值很大的貴金屬上，比如金、銀，此外對於一些日常的小額交易，古代人也使用銅作為貨幣材料。

在經濟學上，某個國家以什麼金屬作為基礎貨幣，我們就說這個國家的經濟實行的是什麼本位制。具體來說，有金本位制，銀本位制，還有所謂的複本位制，也就是兩種甚至更多種金屬貨幣都通用，比如金銀複本位制，銀銅複本位制。

黃金在自然界裡很稀少，物以稀為貴，黃金在人們心目中的價值就很貴。貨幣是作為人們交換商品的仲介而存在的，在古代，黃金由於很稀少，價值又高，所以往往難以單獨作為一國的貨幣，在大量的經濟活動中發揮貨幣的作用。於是在人類歷史上的很長一段時間裡，人們實行的其實是一些複本位制，比如西歐一些國家，長期實行金銀本位制。把價值相對較低、產量很大的銀子也拉進貨幣體系裡，人們在交換商品時就更加方便了。

但所有複本位制都有一個致命的麻煩：兩種金屬貨幣在相互兌換的時候，應該按照什麼比率兌換呢？

這事兒說起來簡單，看兩種貨幣的購買力就行了，假如一盎司（ounce；符號為oz）黃金和十五盎司白銀的購買力相同，那麼黃金與白銀的兌換率就是一比十五。然而現實是複雜的，比如，當政府規定好黃金和白銀的兌換率後，突然之間，邊疆某地發現了大金礦，黃金供應量大增，金價立刻下跌，人們紛紛把黃金拋售，兌換成白銀留在手中，市場上白銀量會驟減，嚴重的時候，人們能把國庫中所有的白銀都兌換出來，使整個國家的貨幣體系受到強烈的衝擊。

即使在貴金屬產量穩定的時期，也會有許多「不法分子」試圖鑽複本位制的空子。首先，金屬貨幣在流通過程中，總會有所磨損，尤其許多人有咬黃金看成色的愛好。金幣上往往標注著金幣的價值，但磨損的金幣所含的金顯然達不到標注價值。於是，投機者就把有磨損的金幣兌換成沒有磨損的金幣，然後熔化為黃金，手頭憑空就多了一些金子。

更有甚者，投機者會故意打磨金幣，讓其人工磨損，打磨下來的那些金屬碎屑，當然落入自己的腰包，磨損的金幣拿到市場上，兌換回完好的金幣，然後繼續打磨的過程。這個詭計自從金幣誕生的那一天起，可能就有人想到並實施了。

十七世紀的英國，這樣的投機者層出不窮。在十七世紀上半葉，英格蘭的金銀幣都是手工生產的，於是社會上出現了所謂的「大剪刀（clippers）」投機者，他們故意磨損金幣，以次換好。為了打擊這幫人的伎倆，英國皇家鑄幣局引入機械化生產，並在硬幣邊緣鑄造鋸齒。

這些措施並沒能擋住「大剪刀」們施展「奪錢剪刀手」，而且英國的執法者也無法給這幫不法分子定罪，因為既然金屬貨幣會出現自然磨損，那麼一枚磨損後的銀幣拿過來，你能說出這到底是自然磨損的，還是人為磨損的嗎？很難區分。

其實，最大的「大剪刀」不是別人，正是英國皇家自己。在十六世紀，歐洲戰事不斷，各國統治者打仗需要錢，於是就動本國貨幣的歪腦筋，紛紛降低硬幣中貴金屬的含量，鑄造成色與貨幣標注價值不匹配的貨幣，並依靠國家強制力發行到市場上。標注一先令（Shilling）的銀幣，實際的金屬價值也許只有〇・五先令，這實際上等於是國王向全體臣民收取了「鑄幣稅」，把一部分臣民的財富通過不值錢的貨幣，洗劫到自己的口袋裡。

英國國王的「大剪刀」在一六八九年到一六九七年的歐洲「九年戰爭」中愈發鋒利了。當時為了對抗歐洲大陸上第一霸主法國的擴張，英國與荷蘭、神聖羅馬帝國等國同盟，展開了一場持久戰。國庫裡的錢嘩嘩地流走，國王只好通過鑄造劣質錢幣來籌款。一六八八年的時候，英國鑄幣中的含銀量還在百分之八十八，但是到了戰爭後期的一六九五年，鑄幣中的含銀量已經下降到百分之五十。不用說了，面值當然是沒變化的。

錢幣到底該算多少錢

由於當時黃金在英國官方並沒有明確的定價，所以英國的貨幣體系是銀本位為主。面對銀幣越來越劣質的情況，英國民眾拚命地把劣質銀幣花掉，儲存黃金和純銀塊。黃金兌換白銀的比率也節節攀升，投機者開始拿著白銀到國外換購黃金，然後把黃金運進英國國內，再兌換回白銀，憑空就多出了很多白銀。白銀大量外流，英國的市面上錢幣缺乏。政府每鑄造一批銀幣，沒什麼響動就不見了。

長此以往，國將不國！英國第一「剪刀手」國王坐不住了，在準備發行新銀幣的時候，他讓手下的大臣趕快拿主意。正所謂有人的地方，就有江湖，有大臣的地方，就有黨派。在貨幣鑄造問題上，英國的大臣們分成了兩派。

一派以財政部的秘書威廉・朗茲（William Lowndes, 1652-1724）為首，他提出國家在鑄造新的銀幣時，把面值提高百分之二十五，也就是讓新的銀幣相對於過去鑄造的銀幣貶值。這種做法是國王所希望的，因為這樣等於再次向全民收取了鑄幣稅。但顯然民眾不是傻瓜，如果真要這麼施行，民眾可能會拒絕使用新的銀幣。

另一派以當時著名的哲學家約翰．洛克（John Locke, 1632-1704）為首，他崇尚天賦自由，宣揚政府是為公民服務的。從自己的哲學出發，洛克認為，一先令的銀幣就應該代表等價的白銀，並且永遠都應該代表等價的白銀。如果手持某一面值銀幣的人兌換不出等價的白銀，這就等於是政府在竊取私人的財產。

從江湖派系來看，朗茲代表的是以國王為首的皇家的利益，而洛克則代表了工業革命出現的、新興的工商業主的利益，小小的銀幣如何鑄造，實際上關乎兩方力量ＰＫ的輸贏。

兩派的代表人物在貨幣委員會中展開了辯論。這個世界上有一條鐵律——永遠不要和哲學家辯論，你會死得很慘。而朗茲的對手正是一位大哲學家，誰贏誰輸，高下立判。最終，洛克在辯論中大獲全勝，新鑄造的銀幣的面值沒有提高，國王並沒有得到他想要的戰爭經費。

這場關於貨幣面值和實際價值的爭論，在朗茲和洛克的時代之前和之後，持續了很久很久。在紙幣漫天飛舞、通貨膨脹天天見的今日世界，這個問題似乎已經不是問題了，現實是紙幣的面值不可能代表了那張紙的價值。但這個問題其實貫穿了貨幣的歷史，直到今天依然值得我們深思：擁有鑄幣權的人，究竟可以靠發行貨幣獲得多大的利益？

擁有鑄幣權的人，往往也是國家的管理者，古代叫皇帝、國王，今天則是各國的中央銀行，而中央銀行聽命於本國的政府。管理國家就要有開銷，保家衛國的軍隊、警察需要養活，各種公共服務設施需要提供，甚至包括小區裡的健身器材。鑄幣權對人性是太大的誘惑了，擁有者往往會濫用鑄幣權，滿足自己的各種需求，於是貨幣就變得越來越沒有購買力，就如英國在九年戰爭期間那樣。

沒有人可以明確地告訴大家，鑄幣權擁有者可以從這個權力裡得到多大比例的分成，現實世界中，他們和臣民或公民之間永遠進行著切蛋糕的遊戲，他們往往能多切一些給自己，但切得太多了，感到不公的公眾就會掀翻桌子，把整塊蛋糕都扔到地上，誰也吃不到了。

所以，維持貨幣價值相對穩定，對於國王也好，臣民也好，從長遠看都是非常必要的。十七世紀末的英國，就走到了需要建立穩定貨幣體系的時刻。

該是本章主人公牛頓登場的時刻了。

牛頓出馬，銀幣遭殃

從人生經歷來看，牛頓是位科學家，講究邏輯的嚴謹；從階級分析上講，牛頓是農夫的兒子，是下層民眾的傑出代表。這樣的個人背景讓牛頓在涉足貨幣問題之初，很自然地站到了哲學家洛克的陣營之中，反對朗茲提出的鑄造成色不足銀幣的方案。

牛頓在一六九六年進入英格蘭皇家鑄幣局，成為鑄幣局的總監。據說，這個職位是牛頓當年的一個學生為了報答師恩，在國王面前力挺牛頓而得來的。當時這個職位雖然號稱是國王在鑄幣局的代表，其實只是個閒職。但科學家往往是死理性派，牛頓也不例外，他就任之後主持打擊造假幣者的工作，做事一絲不苟，非常敬業，有時還親自到刑場去視察處決罪犯的工作。

不久之後，牛頓升任鑄幣局局長，開始面對當時英國複雜的貨幣問題。當時英國市面上以銀幣為主要流通貨幣，國家發行的紙幣——英鎊是和銀幣掛鉤的，英鎊和銀幣可以按照一個比率相互兌換。前面已經談到，英國白銀大量流失到歐洲其他國家，導致鑄幣局想盡辦法回收銀幣，打算重新鑄幣，但白銀的量依然是杯水車薪，根本不夠鑄造新幣。

牛頓接手鑄幣局的工作後，對各國的貨幣情況進行了調查。他發現，一個金路易（Louis d'or）在海峽對岸的法國，價格為十七先令四分之三便士（Pence），而在英國則為十七先令六便士，這幾便士的差額，使得投機者們頻繁地在海峽兩岸倒騰金銀，把英國的白銀倒騰到法國，換成黃金再倒騰回英國。嚴謹務實的牛頓認為，英國白銀短缺的局面是不可能改變的，再鑄造銀幣投入市場，也是打水漂一樣，不過是給投機者提供了更多賺頭。英國再堅守銀本位體系，只會讓政府的白銀不斷流失。

於是，牛頓放棄了用白銀鑄造錢幣的想法，通過計算，他把黃金的價格定在每金衡盎司（純度為〇・九）三英鎊十七先令十又二分之一便士，讓英鎊與黃金掛鈎。如此一來，鑄幣局收不到白銀就沒有關係了，可以通過收集一定的黃金，然後以黃金作為準備金，也就是壓箱底兒的東西，發行一定數量的英鎊投放到市場上，人們使用英鎊交易，一切搞定！

一腳踢開疲軟的白銀，把黃金扶上貨幣體系的寶座，讓英鎊與黃金掛鈎，這樣的金本位體系正是從牛頓主持鑄幣局期間開始的。嚴格的金本位制要求人們想用黃金結算經濟活動中的交易，就用黃金；想用代表了一定量黃金的英鎊結算，也悉聽尊便。

金劍出鞘，誰與爭鋒

然而，擁有鑄幣權的人會老老實實地發行和儲備的黃金價值等量的英鎊嗎？

那怎麼可能！擁有鑄幣權的人總會假定，所有的儲戶不會都來提現，因此完全可以以幾倍於儲備金的總量來發行貨幣，自己手頭只存有一定量的儲備金，應付日常的提現行為就行了。所以在英國施行金本位制之初，擁有鑄幣權的人就不老實，他們發行遠比手頭黃金多得多的英鎊。

英格蘭銀行（Bank of England）是當時英國主要的英鎊發行、貸款機構之一。既然說之一，那就還有之二、之三。的確，當時和英格蘭銀行平起平坐的，還有其他的銀行，以及在當時英國對外貿易中舉足輕重的公司——東印度公司（British East India Company，簡稱BEIC）。也就是說，在牛頓那個時代，英國還沒有現代政府所擁有的唯一性的中央銀行。

幾個機構的競爭，很自然地演變為惡性競爭。一七〇七年，東印度公司為了擊垮對手英格蘭銀行，開始悄悄地在英國本土用自己手頭的貨物兌換鑄幣，以及英格蘭銀行發行的銀行券，也可以看做是紙幣英鎊。在收集了足夠多的「籌碼」之後，當年八月，東印度公司突然發難，派人拿著高達三十萬英鎊的英格蘭銀行的銀行券來到該銀行櫃檯，要求銀行無條件兌換鑄幣。

前面說了，擁有鑄幣權的人都是不老實的，英格蘭銀行也不例外，它發行的銀行券遠比自己儲備的黃金、白銀要多，手頭上存留的鑄幣根本無力兌換這些殺回來的銀行券。危機爆發了，公眾發現自己手中的英格蘭銀行券可能無法兌換出黃金一類的鑄幣，在恐慌下，他們湧入英格蘭銀行，要求把銀行券兌換成鑄幣。東印度公司的陰謀就要得逞了。

商場如戰場。就在這千鈞一髮的時刻，英格蘭銀行的股東出手了。英格蘭銀行的股東來頭不小，包括了當時英國的女王安妮（Anne of Great Britain, 1665-1714），以及兩位重量級的公爵。女王用腳趾頭都能想明白，當時能一出手就是三十萬英鎊銀行券的傢伙，非東印度公司莫屬，其他機構或個人，根本沒有這樣的實力。不論英格蘭銀行，還是東印度公司，都是大英帝國的孩子，兩個孩子打架，女王不能袖手旁觀。於是，女王和公爵們一方面把手頭上擁有的鑄幣拿出來，供一個孩子——英格蘭銀行應對公眾的擠兌風潮；另一方面警告另一個孩子——東印度公司，三十萬英鎊的銀行券還是你的，但你不能以這種方式提取鑄幣！

在王室的鼎力相助下，英格蘭銀行終於渡過了難關，保住了自己在銀行業的江湖地位。否極泰來，此後的幾十年中，英格蘭銀行逐漸壟斷了英鎊的發行權，成為名副其實的大英帝國中央銀行。強大的背景、卓越的信譽，使英格蘭銀行發行的英鎊不僅在大英帝國疆域內得到了人們的認可，甚至在全球範圍內都是「硬通貨」，因為大家都相信，英鎊代表了黃金，誰會懷疑黃金的價值呢？

有了金本位制和英格蘭銀行，大英帝國與歐洲列強爭雄時，就多了一把鋒利無比的金融利劍。九年戰爭時，英國王室為了戰爭籌款焦頭爛額。英格蘭銀行就是在戰爭期間的一六九四年成立的，它的第一筆大單生意，就是籌措資金，向王室提供二十萬英鎊的貸款，支持王室打贏九年戰爭。當然了，王室那時候也不知道這場戰爭到底要打到什麼時候，但有了英格蘭銀行的貸款渠道，起碼手頭就不那麼拮据了。

從經濟的角度看，戰爭打的就是錢，尤其是曠日持久的戰爭，獲勝方必然是經濟實力更強的一方。大英帝國能夠在與歐洲列強法國、西班牙、荷蘭的陸上、海上戰爭中都笑到最後，取得最終的勝利，毫無疑問，穩定的金本位制和可靠的英格蘭銀行是其爭霸的重要資本。到十八世紀後期，英格蘭銀行的黃金儲備只占其發行的英鎊面額的百分之二到三，區區幾萬英鎊的黃金儲備，就支撐起英鎊在全世界的信譽。

四兩撥千斤，英鎊轉地球。

英國的金本位制從牛頓開始，不過從法律上明確實行金本位制，則是一八一六年的事情了，在此之前，英國已經在法律上取消了白銀作為通貨的地位。白銀在英國已經徹底被黃金打敗了。我們本章的主人公牛頓由於在鑄幣局中的傑出工作，在一七〇七年被授予爵士的頭銜，給牛頓封號的人正是英格蘭銀行的大股東之一——安妮女王。

第六篇

法國還在，但錢沒了

錢不是萬能的，沒有錢是萬萬不能的。英國憑藉完善的金融體系，走上了國強民富的道路。勝利者總是能獲得更多的讚譽和關注，近代史中的大英帝國無疑是勝利者，而西班牙揮霍光了美洲金銀，走向了衰落，絕對是咎由自取。

對於英吉利海峽對岸的法國，人們也往往用挑剔的目光看待之。不論是國土還是人口、自然物產，法國都要比英國起步時的情況好很多，為何法國在與英國爭奪全球霸權的過程中，不論軍事還是經濟，都始終差那麼一口氣呢？

太陽王光芒下的財政陰影

在法國的近代史上，路易十四（Louis XIV, 1638-1715）是一位強勢的君主。由於年輕時喜歡喜劇，路易十四曾扮演太陽神阿波羅（Apollo），因此後人習慣稱呼其為太陽王（the Sun King）。太陽王路易十四在位時間七十二年，這個當政記錄不僅前無古人，恐怕也後無來者。路易十四當政的時期，也正是法國稱霸歐陸的風光時期。

路易十四一六四三年剛登基時，法國的局勢並不穩定，貴族鬧事、農民起義，不同宗教派別打成一鍋粥，小路易十四和王太后曾經數次被迫逃出巴黎避禍。如果給路易十四找一個東方的君主來對應，康熙大帝是最好的人選，兩人都是幼年登基，都面對著混亂的政局。

也正是各派誰都不占優勢的混亂局面，給了「法國康熙」路易十四所代表的王室稱雄的機會。路易十四先是擺平了大貴族的勢力，然後鎮壓了數次農民起義，最後又打敗了國內擁有大量堡壘和武裝的教派。

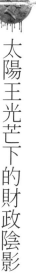

掃清了國內的各個「山頭」，路易十四終於手握至高無上的王權，法國境內無人再敢挑戰他的權威。然而環顧四周，路易十四發現世界太不安全了。往西看，英法從百年戰爭開始就是宿敵，海峽對岸的英國正在崛起，讓他寢食難安；往南看，揮舞著美洲金銀的西班牙試圖讓全歐洲都臣服在其腳下；往西北看，德國境內的許多勢力與西班牙沆瀣一氣，準備南北夾擊法國。

要在這樣的國際局勢中生存，打仗是避免不了的，因此花錢也是避免不了的。

到哪裡弄到錢，是近代所有君主的心病，對於雄才大略的路易十四，就更是心病。國王不可能親自去搞經濟，路易十四把搞錢的事情交給了自己的財政部長柯爾貝爾（Jean-Baptiste Colbert, 1619-1683）。柯爾貝爾是一位忠心耿耿的王室管家和兢兢業業的會計，他管理法國財政和稅收的要訣總結為一句話，就是辦好國有企業——王室工場。

柯爾貝爾給手工工場主發放大量的補助金和貸款，幫助他們發展生產。工場主和工人可以得到減免租稅、免服兵役的優待。為了保證工場的勞動力供應，法國甚至頒布了禁止工人流動到國外的法令，並吸引國外的熟練工人移民法國。

這些民間的手工工場的納稅遠遠滿足不了柯爾貝爾的需要，確切地說是路易十四的胃口，於是柯爾貝爾利用國家資本，直接興建了大量的王室工場。這些國有企業資金雄厚，而且在生產和銷售上都享有特權。國有企業獲得的利潤，當然可以由國家，也就是王室自由支配。

柯爾貝爾的計劃看上去很美，有了繁榮的工場，稅收應該會滾滾而來。但是，不論是補貼民間工場還是興建王室工場，都需要資金。在當時的法國，王室、貴族和教士都是不用納稅的階層，現在工場主和工人也減免了稅收，因此國家的稅收只能全部壓到農民的身上，農民的生活每況愈下。

其實工人的生活也好不到哪裡去。由於王室工場享有特權，民間工場根本無力和王室工場對抗，因此逐漸走向衰落，工人的薪水自然也就很可憐了。別以為王室工場的工人會好一些，由於路易十四多次征戰歐洲，每打一仗，都需要從王室工場攫取大量的利潤，王室工場也只能壓低工人工資，來滿足國王對錢的胃口。

其實柯爾貝爾也不想幹這種涸澤而漁的蠢事。他曾經說過一句名言：「徵稅的藝術就像從鵝身上拔毛，既要多拔鵝毛，又要少讓鵝叫。」對民眾徵稅太重，抽走了過多的資金，不僅使民眾缺少投資的資金，經濟陷入萎縮，還會讓民眾無力消費，進一步加劇本國市場的蕭條。

但是作為王室管家，柯爾貝爾對路易十四貪得無厭的資金要求不敢說「不」。曾經有一次，路易十四要增加海軍軍費，柯爾貝爾委婉地表達了不同的看法。很快，他就收到了國王的手書，上面寫著：「不要再令我生氣，我所作出的決定，都是在聽取你和你的同事所有人的意見後，綜合考慮得出的結論，因此，無論何時，我都不想再次聽到關於此事的議論。」

得到了這次警告後，柯爾貝爾對路易十四只能俯首帖耳。他希望改革政壇，打擊腐敗，卻不得不和腐敗的官員們同流合污，通過向地方派遣權力極大的徵稅官的形式，加強徵稅的力度，卻助長了腐敗的滋生，那些徵稅官往往橫徵暴斂，中飽私囊。王室工場的管理者往往是王室成員或其親屬，在經營的過程中通過特權獲得個人財富，損害國家利益，已是公開的秘密。

大量的稅收財富在腐敗體制中蒸發掉了，偏偏路易十四除了有稱霸歐陸的野心，還對藝術和生活有濃厚的興趣，在路易十四的晚年，國家稅收的一半都用於裝點奢華的凡爾賽宮和王室日常的揮霍。法國王室的財政收支從一六九〇年開始，幾乎年年巨虧。此時「革命的老黃牛」柯爾貝爾已死，路易十四為了籌錢，竟然開始賣官。

賣官其實古往今來不算什麼新鮮事，中國漢朝末年皇家為了籌錢，就曾經大肆賣官。但路易十四賣官，就像他在位時間一樣「前無古人，後無來者」，他什麼官都賣，平均每年能從賣官中獲得七千萬里弗爾（Livre）的收入，占當時王室總收入的百分之五十！

經濟學裡供給—需求的永恆定律又一次擊敗了路易十四。在賣官市場上的買家一定的情況下，在買家手裡的資金一定的情況下，用於出售的官位越多，官位的價格就越低。在路易十四壽終正寢的第二年，即一七一六年，法國王室的年收入只有七千萬里弗爾，而支出高達二億三千萬里弗爾。

江湖傳言，路易十四臨死前說：「朕即國家。」這句話非常彪悍，似乎很符合讓法國稱霸歐洲的路易十四的威風形象。但歷史學家卻更正說，路易十四的最後一句話其實是「朕走了，而國將永存」，江湖傳言只是謠傳而已。

是的，路易十四走了，但王室的虧空還在。太陽王的繼任者深切地體會到，人世間最最痛苦的事情是——人活著，錢沒了。

一位賭王的經濟傳奇

江山代有騙子出，各領風騷數十年。一個流竄到法國的蘇格蘭賭徒，竟然差一點兒永久解決法國王室的巨大虧空。當然了，就「差一點兒」。

此人就是約翰·勞（John Law, 1671-1729）。他出生於愛丁堡的一個銀行家家庭，家境不錯，耳濡目染讓約翰·勞很早就對經濟有了很深的造詣。作為富二代，他也免不了沾染上一些花錢的惡習，比如賭博。由於算路精準，約翰·勞在賭場上常常屢有斬獲，但久賭必輸的魔咒也一樣降臨到他的頭上。在輸掉了大筆的金錢後，他隻身到倫敦去碰運氣。

追美女是富二代的另一通病，約翰·勞也不例外，在倫敦他和別人為了一個女人而決鬥，並在決鬥中殺死了對方。闖下大禍的約翰·勞輾轉逃回了蘇格蘭老家藏身。

約翰·勞終於浪子回頭，竟然閉門疾書，寫出了一篇著名的經濟學論文《論貨幣和貿易——兼向國家供應貨幣的建議》（*Money and Trade Consider'd with a Proposal for Supplying the Nation with Money*）。

在這篇論文中，約翰・勞認為，政府應該設立擁有貨幣發行權的銀行（國有銀行），提供足夠的貨幣來保障經濟活動的順利進行；當經濟蕭條的時候，增加貨幣供應量並不會抬高物價，反而會增加財富產出。

三百年後，約翰・勞的一位英國同鄉寫了一部《就業、利息與貨幣通論》（*The General Theory of Employment, Interest, and Money*），表達了與約翰・勞的論文同樣的見解。此人被尊稱為「當代經濟學之父」，他就是名滿天下的凱恩斯（John Maynard Keynes, 1883-1946）。要說凱恩斯沒有從約翰・勞那裡偷師學藝，打死我我都不相信。

約翰・勞不僅是理論家，他還想學以致用。他向蘇格蘭官方建議成立國有銀行，但遭到了當局的拒絕。懷才不遇的約翰・勞於是去了當時自由貿易的聖地——荷蘭，在那裡從事法國和荷蘭之間的金融投機，於是他對法國的經濟狀況有了深入的瞭解。

一七一六年，約翰・勞大展宏圖的機會來了。他的一位賭桌上的朋友、法國攝政王奧爾良公爵（Philippe II, Duke of Orléans, Philippe Charles, 1674-1723）正在為路易十四留下的爛攤子發愁，看到約翰・勞這小子腦瓜好使，對經濟好像也蠻在行的，乾脆死馬當活馬醫，任命他為法國的財政部長。

在約翰・勞走馬上任之前，奧爾良公爵曾經採用削減金幣裡黃金含量的方法，大量鑄造劣質金幣，試圖解決財政問題。公眾不是傻瓜，公爵這種拙劣的騙術是不行的，搞得他發行的金幣還不如銅板值錢。

讓我們一起組團圍觀賭王約翰・勞的「騙術」吧。

一七一六年，法國王室特許約翰・勞成立了一家銀行——通用銀行（Bangue Genarale），允許該銀行發行紙幣，紙幣可以兌換金屬貨幣，也可以用來繳納稅賦。毫不奇怪，這顯然是約翰・勞的主意。

通用銀行承諾紙幣可以足額兌換金銀貨幣，這就保證了紙幣的信譽。法國國內市場的貨幣供應量增加了，法國商業開始復蘇。同一年，約翰・勞向法國王室承諾，法國的稅收都由他來承包，他每年給王室五千三百萬里弗爾。如果當年稅收少於這個數額，約翰・勞自己要補齊差額，如果當年稅收高於這個數額，超出部分歸約翰・勞個人所有。這等於是約翰・勞成為法國全國的總包稅人。

約翰・勞的金融手段顯然比奧爾良公爵高明多了，法國岌岌可危的經濟形勢得到了短暫的穩定。但是，銀行發行紙幣需要貴金屬作為準備金，通用銀行的貴金屬並不多，因此紙幣的發行量也不會太多，否則又將觸發嚴重的通貨膨脹。

這點小事難不倒賭王。既然法國境內缺少貨幣，經濟也剛剛企穩（站穩），沒有可以作為準備金的東西，約翰・勞把目光投射到了美洲大陸，那裡有一大塊法國的殖民地。拜路易十四的軍事野心所賜，當時整個密西西比河流域都歸屬於法國。一七一七年，約翰・勞向奧爾良公爵提出了「密西西比計劃（Mississippi Scheme）」，成立密西西比公司（Mississippi Company），對這塊廣袤的殖民地進行開發。

此時的奧爾良公爵對約翰・勞非常信任，立刻批准了這個計劃。密西西比公司成立，獲得了開發北美的貿易特許權，該公司發行股票，每股售價五百里弗爾。約翰・勞規定，想購買股票的人必須首先購買國債，然後用國債來換股票。

這是什麼意思？這就是約翰・勞的高超騙術。他的如意算盤是這樣的：當公眾買政府發行的國債時，政府就得到了貨幣；當公眾用國債來兌換密西西比公司的股票時，公司就獲得了國債。然後，公司把得到的國債全部銷毀。對，全部銷毀！這就等於是免除了政府發國債時承諾支付給公眾的本金和利息。作為回報，政府不需要向公眾支付利息了，只要在未來二十五年裡，每年向公司支付百分之四的利息就行了。

只要這個計劃實現，法國政府的國債就成了香餑餑，法國王室的鉅額虧空也將得到削減，甚至徹底彌補。當然，這個計劃的最重要一環，是要讓公眾相信密西西比公司的股票確實有價值。大片的肥沃土地、蠢笨的印第安人、遍地礦產和毛皮……密西西比公司的盈利前景太美好了，所有法國人都對這家公司的股票趨之若鶩。

很快，公司股票開始飆升，約翰・勞向公眾承諾，面值五百里弗爾的股票，每年可以分紅二百里弗爾，再加上股票本身也在升值，他調動起全體法國人對一夜暴富的幻想，他的股票簡直如同麥可・傑克遜（Michael Joseph Jackson, 1958-2009）的演出門票那樣一票難求。據說有一位有身分地位的貴婦，為求得到密西西比公司的配股，她不惜每天坐在馬車上等候約翰・勞的馬車經過。當馬車經過之時，貴婦吩咐馬車夫製造「交通事故」，她借機嬌呼救命，博取約翰．勞下車詢問，然後貴婦趁機施展美人計，直到約翰．勞答應配股給她方才罷休。

最開心的莫過於法國王室，由於約翰．勞的密西西比計劃進展順利，總計二十五億里弗爾的國債被化解於無形之中。太陽王算什麼，約翰．勞才是法國人民的大救星。約翰．勞，你就是法國人民心目中不滅的紅太陽！

不滅？那是絕對不可能的，太陽總有日落西山的時刻。

約翰．勞的計劃之所以能夠挽救法國經濟，是建立在密西西比流域有潛在財富的基礎上的。如果密西西比公司能夠從開發北美殖民地中獲得大量的毛皮、大量的礦產以及各種各樣人們需要的東西，那麼這家公司的股票就是有價值的，法國公眾砸鍋賣鐵買國債換股票就是有意義的。

否則，二十五億里弗爾的國債根本就一錢不值，法國公眾的財富就被約翰．勞和王室席捲而空。

真相永遠是那麼殘酷，五百里弗爾的股票一度上漲到一萬五千里弗爾，但密西西比公司描繪的滾滾財富卻連個影子都看不到。公眾中間開始流傳關於密西西比根本沒有金礦的謠言，偏偏這謠言其實並不是謠言，而是事實。股價終於撐不住了，一個月時間就下跌到了一萬里弗爾以下，這還是約翰．勞自己回購了一些股票的情況下才勉強維持的價格。

其實如果公眾查看密西西比公司的金庫，就會發現裡面的金銀儲備還不算糟糕，其總價大約是發行的紙幣面值的百分之五十。換成現代經濟學的說法，密西西比公司的資本充足率是百分之五十，這比現在世界上任何一家銀行的資本充足率都要高很多。只要約翰・勞沉住氣，能夠讓市面上流通的紙幣不洶湧地擠兌，他構建的法國金融體系依然是健康有序的。

但是賭徒都不是耐心的人，往往沉不住氣，約翰・勞也不例外。慌亂之中，他建議王室宣布，只有紙幣才是法國的正式貨幣，金銀被禁止流通。任何人擁有超過五百里弗爾的金銀，都將被處以高額罰款。

此地無銀三百兩，約翰・勞此舉加重了人們的恐慌。股票價格繼續跳水到一千里弗爾之下，無數人的發財夢破滅了。憤怒的人們把約翰・勞的馬車砸得稀爛，消息傳到王室會議上時，開會的貴族們竟然爆發出歡呼聲……他們早就看不順眼這個外國暴發戶了。

奧爾良公爵最後也拋棄了約翰・勞，王室免去了約翰・勞財政部長的職務，他的公司的特許權也全部作廢。

然而，拋棄了約翰・勞，就能拯救法國已經崩潰的經濟了嗎？王室就算因為約翰・勞而勝利大逃亡，彌補了虧空，那麼未來呢？奧爾良公爵宣布廢止紙幣流通，國家重回金銀鑄幣的時代。

錯上加錯。約翰・勞的錯誤只是用密西西比虛無縹緲的「財富」作為準備金，來發行紙幣（中間還牽涉到股票），只能算是小錯，如果法國王室當時能夠鼎力支持他，維護紙幣的信譽，憑藉那百分之五十的資本充足率，約翰・勞可以毫無懸念地渡過難關，法國的紙幣金融體系也會繼續穩定。可是一旦廢止了紙幣，就是大錯，法國就回到了路易十四的時代，貨幣缺乏，市場萎靡，稅收不足，腐敗橫行，王室將年復一年地持續虧空。

在法國人要抓住約翰・勞並欲將他撕成碎片之前，賭王再次成功逃跑了。兩年後，他的公司的股票回到了五百里弗爾一股，並成功地穩住了股價。誰錯了？

莫以成敗論英雄，約翰・勞不僅不是個騙子，還是個經濟天才。兩百年後，著名經濟學家熊彼特（Joseph Alois Schumpeter, 1883-1950）看了約翰・勞的那篇論文後不禁掩卷長歎說，約翰・勞的金融理論足以使他在任何時候躋身於一流經濟學家之列。熊彼特何許人也？此人與凱恩斯齊名，而且在許多經濟學家心目中，論真才實學，凱恩斯可能還要稍遜熊彼特。

那麼，我們該如何評價約翰・勞的江湖地位呢？千秋功罪，後人愛怎麼評說就怎麼評說吧！

徵稅要了法王的命

沒有了約翰・勞，沒有了信譽良好的紙幣，法國王室繼續向財政赤字的深淵自由落體。

一七七四年，路易十六（Louis XVI, 1754-1793）繼位，接管了法國的爛攤子。如果僅僅從政府債務的數額上看，似乎也不是很嚴重。當時英國政府的債務是法國的兩倍，如果平均分攤到每個人身上，由於法國當時比英國人口多，因此按照人頭分配，每人負擔的債務還不到英國的五分之一。

但我們必須注意到英國和法國的截然不同：英國英格蘭銀行的貨幣是有信譽的，全體英國民眾相信他們手中的鈔票，國王要想對民眾徵稅，必須通過議會批准，不得擅自徵稅，因此民眾的權利有制度的保障；而法國政府的貨幣是沒有信譽的，債務並不是平均分擔的，廣大民眾的權利是沒有制度保障的。

當時法國有兩千四百五十萬人口，社會階層分為三個等級，第一等級是教士，大約有十萬人；第二等級是貴族，有四十萬人；剩下的都屬於第三等級，其中農民有兩千多萬，城市商人和工匠有四百萬。前兩個等級是不交稅的，而且視交稅為很恥辱的事情。按說只有五十萬人不交稅，看上去似乎也不嚴重，可是這五十萬人擁有法國百分之三十五的土地，並且享受政府給予的各種特權。

因此稅收的負擔完全壓在了第三等級，特別是農民的身上。農民人口占法國的百分之八十，可是卻只擁有百分之三十的土地。農民要向教會繳納農產品的什一稅，向貴族和國家繳納各種苛捐雜稅，日子苦不堪言。工匠們的日子也很艱苦，他們的工資在幾十年間上浮了百分之二十二，可是物價水平卻上漲了百分之六十五。

相對來說日子比較好過一點的第三等級是城市商人，他們從對外貿易中獲得了一定的收益。然而這些被冠以「資產階級」的城市商人們卻沒有政治權利，王室可以隨意向其徵稅，貴族也可以欺壓他們。看看英吉利海峽對岸英國資產階級同行們過的是什麼生活，做生意賺錢後，心情好了，就賞給國王一些稅錢；心情煩悶了，就駕著馬車到泰晤士河旁邊的廣場上，餵一下午的鴿子，然後再坐著馬車回家，就像什麼事都沒發生一樣。

這才是資產階級該過的生活，同英國同行相比，法國資產階級簡直弱爆了，他們渴望獲得政治發言權。

雖然路易十六已經很節儉了，除了喜歡研究製鎖工藝外，沒有太多奢侈的愛好，但他一個人的節儉並不能抵消整個王室和大貴族們的鋪張浪費，到了法國大革命爆發前，法國王室的債務達到了將近四十億里弗爾，比起當年奧爾良公爵和約翰·勞接手時的爛賬更爛。

窮則思變，路易十六琢磨著徵稅，第三等級已經沒有什麼油水可以壓榨了，那麼讓第一等級和第二等級出出血怎麼樣？

一七八七年，路易十六一意孤行地向所有地產徵收一種統一的稅。對於占有大量土地的教士和貴族來說，這不僅是要搶他們的錢袋子，對他們的面子也是一種侮辱。他們譴責這種土地稅是非法的，只有經過三級會議通過的稅種，才可以執行。

什麼是三級會議？根據中世紀的王權理論，國王要向公眾徵稅，特別是向貴族們徵稅時，要召開集會討論通過後，才具有法律效力。法國原本也是這麼幹的，有議事和決策的三級會議。可是後來法國王室的權力越來越大，根本不懼怕其他階層的力量了，於是到了一六一四年，法國的三級會議被無限期地終止了，大家都聽國王的話就行了。

現在路易十六窮得發瘋了，要讓貴族和教士們也交稅，貴族們立刻反擊，要求召開三級會議，否則就不交稅。貴族和教士們的如意算盤是，通過三級會議來限制國王徵稅的權力。你國王不是想要錢嗎？行，拿出你的一些權力來換吧。

路易十六被迫讓步，宣布召開三級會議。根據代表名額規定，第一等級和第二等級的代表各三百名，第三等級的代表六百名。路易十六的如意算盤是，利用第三等級來制衡第一等級和第二等級，王室和第三等級聯手，逼迫貴族和教士們乖乖交稅。

局勢的發展完全出乎意料，不論是貴族們的算盤，還是國王的算盤，全都打錯了。第三等級聯合了一些崇尚自由和思想解放的開明貴族，在三級會議裡取得了絕對多數，然後一腳踢開了第一等級和第二等級，宣布改三級會議為國民大會，只有國民大會的決議才具有法律效力。

國民大會對徵稅的討論結果是，全體國民都要徵稅，貴族和教士也不例外。這個結果是國王所期望看到的。但同時，國民大會還要通過憲法，限制國王的權力，這可不是國王期望的。

路易十六猶豫不決的性格此時害了自己。既然最初的目的是要挽救法國的財政危機，向貴族和教士的錢袋子開刀，就得依靠第三等級的力量，果斷地把一些權力讓給第三等級作為回報，就會獲得大批盟友的支持。可是路易十六又不想放權，悄悄調集一些忠於國王的部隊到凡爾賽，準備武力解決。

這樣一來，三個彼此鈎心鬥角的等級竟然就都視國王為自己的敵人。結果，巴士底獄（Bastille）被攻占，路易十六被抓，法國陷入了戰爭和恐怖之中。

混亂解決了一切關於欠錢和還錢的問題。路易十六被送上了斷頭臺，用他的生命勾銷了王室欠下的鉅額債務；各地的農民們奪取土地，燒毀貴族的莊園，廢除了貴族和教士強加給他們的各種稅收。

混亂只會消滅財富，不會創造財富。混亂過後，法國將重建，麵包會有的，錢也會有的。

第七篇

兩個拿破崙，別樣滑鐵盧

亂世出英豪。一片混亂的法蘭西終於等來了一位小個子的英豪——拿破崙・波拿巴（Napoléon Bonaparte, 1769-1821）。法國軍隊在這位戰神的統帥下，頑強地抵禦了外國聯軍的多次進攻。一七九九年十一月，羽翼豐滿且野心勃勃的拿破崙發動「霧月政變（coup of brumaire）」，輕鬆地奪取了法國的政權。

許多法國人都把拯救法蘭西的希望寄託在這位強人身上，而我們的問題則是：拿破崙可以在戰場上百戰百勝，那麼他在經濟戰場上會有什麼戰績呢？

皇帝陛下的獨門準備金

法國大革命十年浩劫，讓法國的國庫空空如也。作為戰爭狂人，拿破崙希望的是在經濟平穩發展的前提下，高效地徵稅和發行國債，滿足自己治理國家和對外作戰的資金需求。一八〇〇年，在一些金融家的建議下，拿破崙創立了法蘭西銀行（Banque de France），銀行由政府和私人分別投資五百萬法郎和兩千五百萬法郎，其中拿破崙個人也投資了兩萬法郎。法蘭西銀行陸續兼併了法國最大的幾家銀行，壟斷了巴黎地區的紙幣發行權。法蘭西銀行相當於法國的中央銀行，不過與金融家控制的英格蘭銀行不同，法蘭西銀行是由政府控制的。

政府控制的銀行、紙幣發行，聽上去似乎很耳熟啊！這不就是那個賭王約翰・勞提倡的經濟政策嗎？繞了近一百年的彎路，法國還是走回了約翰・勞指明的道路上。

對於發行紙幣，需要解決的永恆問題是準備金。憑空印一堆鈔票，老百姓是不答應的，老百姓寧可以物換物，也不會要沒有準備金保障的紙幣。約翰・勞和他的銀行準備金率達到了百分之五十，不可謂不高，為了繼續發行紙幣，他還得搞出個密西西比計劃，用新大陸上的潛在收益轉換成股票，用股票轉換成國債，發行更多的紙幣。

那麼現在，皇帝陛下，您有什麼東西可以做準備金呢？北美路易斯安那殖民地嗎？不要說法國民眾不會再相信密西西比肥皂泡，一八〇三年手頭緊張的拿破崙已經把那麼大一片土地賣給了美國，肥皂泡都沒得吹了。

皇帝口袋裡什麼都沒有，但皇帝會打仗！

拿破崙的策略是以戰養戰，以戰養國。拿破崙四處出擊，占領義大利北部後，扶持起傀儡政權，令其每年給法國上供。拿破崙又先後攻入德國、西班牙，也是通過扶持傀儡政權，掠奪當地的財富。

隨著拿破崙大軍節節勝利，每年有十億法郎的境外稅收源源不斷地流向法國。這筆鉅款除了用作戰爭的軍費外，拿破崙發給法蘭西銀行，作為準備金，來增發紙幣。一八一一年以後，境外稅收還用來發放貸款，促進法國的經濟發展。

說白了，拿破崙是用自己的軍事掠奪的預期收益，來作為發行紙幣的準備金。

在拿破崙的統治時期，法蘭西銀行和它發行的紙幣信用很好，人們願意用紙幣來做生意，法國經濟不僅恢復了元氣，還日趨繁榮了。而且拿破崙依靠強力，消除了國內市場上許多地區障礙，促進了商業的發展。

當然，這不能僅僅歸功於拿破崙的軍功，早在拿破崙嶄露頭角之前的混亂時期，法國王室和貴族被殺的被殺，逃亡的逃亡，那些過去不用納稅還享有特權的等級已經灰飛煙滅，這本身就減輕了第三等級的納稅壓力。

遺憾的是，以掠奪為基礎的法國金融體系並沒能順利轉型到依靠自身經濟發展支撐的體系上來。有兩個因素阻擋了皇帝在經濟戰場上所向披靡。

第一個因素是掠奪經濟模式本身有缺陷。拿破崙就像中國古代的楚霸王一樣，屢戰屢勝，但只要被劉邦打敗一次，就是致命的。因為他的經濟模式建立在掠奪的基礎上，只有勝利和戰利品才能穩定紙幣的價格，而一次失敗就會令紙幣幣值地動山搖，拿破崙的財政基礎就會像多米諾骨牌（domino）一樣，推倒一塊，就接二連三地倒下。

退一步講，就算拿破崙常勝不敗，征服了全世界，他的經濟模式也將走到盡頭。當所有的敵人都被消滅，搶無可搶時，皇帝您拿什麼來穩定幣值呢？這個問題對於戰神拿破崙來說，是無解的。

而第二個因素，則是拿破崙咎由自取，犯了嚴重的經濟錯誤。

大陸封鎖，作繭自縛

席捲了大半個歐洲的拿破崙一直有塊心病，那就是和法國只隔一條海峽的英國。英國絕對是一塊大肥肉，就在嘴邊可就是吃不到。雄心勃勃的拿破崙曾幾次在英吉利海峽南岸集結大軍，準備進攻英國，但英國強大的艦隊封鎖了英吉利海峽，法國的海軍根本不是英國皇家艦隊的對手。

戰場上無法解決問題，思前想後，拿破崙決定和英國打一場經濟戰。大半個歐洲都臣服在自己腳下，要封鎖那個小小的島國，豈不是易如反掌？一八〇六年，奉天承運，皇帝詔曰：「不列顛島處於封鎖狀態，歐洲大陸諸國不得與不列顛島進行任何貿易和通訊往來。」

英國作為獨處一隅的島國，海外貿易是其生命線。如果法國控制整個歐洲大陸對英國進行封鎖，那麼英國將陷入財源枯竭、經濟紊亂的困境，激化的社會矛盾將接踵而來。英國最終將不攻自破，對法國俯首稱臣。這就是拿破崙設想中的經濟戰法。

封鎖英國，拿破崙其實還有另一番考慮。法國歷經動亂之後，工業實力已經被英國甩出了好幾里地，正所謂無農不穩，無工不強，拿破崙希望通過對英國的全面封殺，將英國的工業品排擠出歐洲大陸市場，讓法國的工業品不僅在國內有市場，甚至還能銷往歐洲大陸其他國家，讓法國的工廠蓬勃發展起來，就算無法最終取代英國成為「世界工廠」，成為「歐洲工廠」也有得賺了。

遺憾的是，從拿破崙正式宣布大陸封鎖政策起將近十年的時間，非但沒有打垮英國的經濟，法國自己的經濟反而陷入了泥沼之中。這到底是怎麼回事？

工業革命是以機器製造和使用為標誌的，當時最先進的工業技術握在英國人手中，法國的那些工廠只能勉強算是蹣跚學步。大陸封鎖政策還沒影響到英國人，首先斷了法國工廠學習先進技術的渠道，使得法國的工廠技術原地踏步，一直處於前工業時代。不能機器大生產以降低工業品的成本，提高工業品的質量，法國貨貼上了價高質劣的標籤。封鎖政策讓走私英國工業品成為有利可圖的生意，歐洲大陸各國的人紛紛從事走私行當，根本視法國工業品如無物。

壟斷歐洲市場並沒有給法國的工廠帶來福音。到一八一一年，法國境內的棉紡廠從一千多家已經下降到三百家，工業產值下降了超過三分之一，僅在巴黎地區，五萬工人中就有兩萬多人失業，法國的工廠太不爭氣了。

為什麼政府閉關鎖國大力扶持的民族工業總是令人失望呢？不論是上一篇我們提到的柯爾貝爾扶持的手工工場，還是拿破崙扶持的各種工廠，或者是任何後世打著保護幼稚民族產業而採取的閉關鎖國或者抬高關稅的政策，無一例外得到的都是粗製濫造的產品。

其實原因很簡單，因為人都是逐利的，工廠主也不例外。

首先，社會上各行各業那麼多，政府應該扶持哪些，不扶持哪些？從公平的角度來說，每個正當的行業的從業者都是本國國民，都是平等的，政府用收上來的稅補貼（或通過閉關鎖國保護）某些行業的做法，對於其他的行業來說是不公平的。

而且政府扶持的那些企業，往往是有政府背景或者乾脆就是政府辦的企業，正所謂近水樓臺先得月，於是民營企業必然受到傷害。工廠主要想獲得政府的補貼，最有效的方式不是提高技術，降低成本，而是向政府官員公關，套取政府的補貼或者其他特權。

其次，當工廠主獲得了政府的特權後，他們是否會感恩戴德，努力提高技術，回報政府的期望呢？不會的，他們做不到。因為提高技術是個很艱苦的過程，也是很浪費錢的事情，如果沒有競爭的壓力，以追求利益為目標的工廠主就沒有革新技術的動力，維護好自己的特權地位才是有利可圖的。就算某些工廠主熱衷於革新技術，也只是憑著自己的興趣在「玩票」而已，和那些奮力在市場競爭中搏殺，密切關注科技進展，努力鑽研技術革新的工廠主是沒法比的。

當然，還有一些「閉關鎖國搞發展」的擁躉們辯解說，這些受到扶持的民族工業就算不爭氣，也給國家提供了就業機會，給國家提供了稅收收入，抵禦了外國工業的威脅。然而我們要看到硬幣的另一面，那些沒有受到扶持的工廠因為受到不公正的對待而生產萎縮，減崗裁員，減少了整個社會的就業機會，這些工廠上繳的稅收也受到了傷害。至於外國工業的威脅，不管產品的產地是哪裡，禁止本國國民購買更好的產品，本身就是一種不公正，是如假包換的罪行，是對全體國民的傷害。

拿破崙一介武夫，自然不懂這些經濟道理。大陸封鎖政策給法國經濟帶來了災難性的後果，卻並未給英國形成真正的殺傷力。

英國雖然在法國實行大陸封鎖的初期，經濟上受到了一些損失，國內工人運動一度高漲，但英國畢竟是處於上升階段的資本主義強國，很快用實力扭轉了局面。針對糧食進口的短期不足，英國大量開墾荒地和公地，鼓勵農業投資和採用農業新技術，不但實現了基本自給，還推動了農業技術的革新。

外貿方面，一八一〇年英國商船比一八〇五年增加了兩千多艘，強大的英國海軍也在世界各地不斷地占領新據點，為貿易開闢了新的市場。在亞洲，波斯和土耳其對英國開放了海岸和市場。法屬荷蘭的印度尼西亞也被英國奪走，成為英國獨占的原料產地和市場；在南美，英國僅同拉普拉塔（La Plata）和巴西的貿易額，就從一八〇五年的八百萬英鎊增加到了一八〇九年的兩千萬英鎊。

既然歐洲大陸人需要優質的英國貨，那麼我們英國人為什麼不積極走私呢？

英國憑藉海上軍事力量，在歐洲大陸周邊不斷建立走私基地，比如北海的赫爾果蘭島（Helgoland），波羅的海的哥德堡（Göteborg），西地中海的直布羅陀（Gibraltar），西西里島（Sicilia）、撒丁島（Sardegna），東地中海的愛奧尼亞群島（Ionian Islands），等等。走私商品如海浪一樣敲打著每一寸海岸，法國海軍只能望洋興歎，無力阻止。

在法國經濟日益凋敝的時候，英國的貿易總收入卻不斷增長：從封鎖前一八〇五年的一億英鎊，增加到了一八一四年的一億六千英鎊。可見，英國只是將貿易的中心從歐洲轉到了別處，拿破崙沒能封殺英國，卻困住了自己。

大陸封鎖政策對歐陸各國的影響不一，沙皇俄國受到的影響是最大的。作為一個歐洲東部的國家，俄國在波羅的海的貿易占整個對外貿易總額的三分之二，而且主要是和英國做生意。法國對英國的封鎖，導致俄國對外貿易沒法幹，俄國因此陷入了嚴重的財政危機。俄國沙皇本來就不和拿破崙穿一條褲子，不僅不是法國的同盟國，還因對外貿易被破壞而一肚子怨言。英國這時候乘虛而入，向俄國作出承諾，俄國每次出十萬士兵攻擊拿破崙的軍隊，英國就資助俄國一百二十五萬英鎊作為經費。這筆錢對於窮困潦倒的俄國沙皇非常有吸引力，於是俄國成為挑頭與拿破崙對抗的歐陸國家。

一八一〇年，俄國沙皇亞歷山大一世（Alexander I, 1777-1825）向英國商品敞開了大門，英國的貨物紛紛湧入俄國，並迅速擴散至德國、波蘭等歐洲大陸國家，完全破壞了大陸封鎖政策。拿破崙拿不出一百二十五萬英鎊，又不肯放棄大陸封鎖政策，讓俄國通過對外貿易賺錢。剩下的唯一一條道路就是霸王硬上弓，打服俄國。後面的故事就眾所周知了，一八一二年拿破崙率領六十多萬大軍攻打俄國，卻被俄國的「冬天將軍」打敗，在冰天雪地中幾乎全軍覆沒。

前面我們說了，法蘭西銀行紙幣的準備金是軍事掠奪的預期收益，是戰場上的勝利。因此只要一次嚴重的失利，人們對紙幣的信任就會產生嚴重的懷疑，拿破崙只許勝，不許敗。可是這一次，拿破崙敗了，法蘭西銀行的紙幣也就敗了，法國金融體系崩塌了。

慘敗而歸的拿破崙不要說兵力，就是財力也無法支撐危局，不久就被迫退位，流放偏僻的大西洋島嶼。雖然此後他上演了一幕「荒島逃生」加「王者歸來」的大戲，逃回法國再度奪取政權，卻終究曇花一現，百日王朝很快被反法同盟扼殺，拿破崙在滑鐵盧（Waterloo）慘敗，再也沒能翻身。

皇帝陛下，您是軍事戰場上的天才，毋庸置疑；可惜在經濟戰場上，您的才能就和您的身高一樣，令人難以恭維。

誰負誰勝天知曉

一八四八年十二月，法國人全民選總統，在六名總統候選人中，出現了一個叫「拿破崙」的人。拿破崙・波拿巴皇帝陛下已經於一八二一年在聖赫勒拿島（Saint Helena）上鬱鬱而終，這個新的拿破崙叫路易・拿破崙・波拿巴（Louis Napoléon Bonaparte, 1808-1873），是前者的姪子。

這位路易早年浪跡歐洲各國，在軍界和政界頻頻投機，一有實力就叛亂和暴動，謀求更大的權力。可惜路易屢戰屢敗，後來回到法國，於一八四八年當選為議員，並參選總統。此時的法國在拿破崙・波拿巴倒臺後又經歷了多次政壇動蕩，政治上是各派紛爭的時期。沒有太多政治資本的路易竟然出人意料地當選為法國總統。

事後人們分析選票發現，路易的大量選票來自法國的農民兄弟。這些農民兄弟對拿破崙・波拿巴很有好感，因為皇帝陛下曾經頒布法令，保護了農民分得的土地。因此當他們看到選票上的

「拿破崙」名字時，想當然地認為這個皇帝陛下的姪子應該也和皇帝的主張一致，是法國勞動人民的好兒子，於是紛紛把選票投給了路易。

路易僥倖當選總統後，嗜好權力的本性暴露無遺，他發動政變解散了議會，自己從總統變成了皇帝，現在我們要用拿破崙三世（Napoléon Ⅲ）來稱呼他了。

為什麼是拿破崙三世而不是二世呢？因為拿破崙・波拿巴的支持者認定當年拿破崙的幼子為拿破崙二世（Napoléon Ⅱ, 1811-1832），拿破崙退位的時候，唯一的兒子只有四歲，被加冕為羅馬王，後來跟著母親奧地利公主回到維也納生活，直到二十一歲時病死於肺炎。所以路易只能排行到三世。

這樣一位投機皇帝會如何面對法國的經濟呢？

拿破崙三世最重要的經濟政策，恰恰是他的伯父大陸封鎖政策的反面。與英國對抗是徒勞的，拿破崙三世明智地選擇和世界最強國英國站在一起，而不是和英國打封鎖戰。一八六〇年，法國和英國的自由貿易條約簽訂了。

根據條約規定，英國將取消所有法國商品的進口關稅，除了葡萄酒和白蘭地之外。這兩種酒對於英國消費者屬於奢侈品，所以英國政府收取少量關稅作為財政收入，其他商品則全都免稅。對法國來說，取消了之前對英國紡織品的進口禁令，並且大幅度削減了英國貨的進口關稅，平均關稅大約是百分之十五。在十九世紀六〇年代早期，拿破崙三世統治下的法國相繼與比利時、德意志諸國、義大利、瑞士、北歐國家都締結了貿易條約。

拿破崙三世改造了巴黎城，清理了市中心的貧民窟，拓寬了街道。一些反對者指責說，他這麼做的目的是防止將來爆發暴動後人們在狹窄的街道容易構築街壘，與政府對抗。但從客觀角度說，整個巴黎被重新規劃了，中心變成了商鋪林立的街區，而大量的工廠處於郊區，那裡也是工人們的居住地。

拿破崙三世還努力打造法國的金融體系，除了國家扶持的法蘭西銀行外，股份銀行和私人銀行一樣允許發展，雖然法蘭西銀行還是擁有許多特權，但法國的金融體系相對於過去，已經寬鬆了許多。大量銀行的出現帶來了大量的資金，銀行家們投資於工業和商業，法國快速實現工業化的進程正是在拿破崙三世時期狂飆突進的。另外，許多法國的百年知名品牌，也同樣在這一時期創立，比如已經快全球女性人手一款的著名奢侈品牌路易威登（Louis Vuitton，簡寫為LV）。

自由貿易時期法國工業和商業的快速發展，用事實證明了閉關鎖國保護民族產業的錯誤。經濟領域每天都有機會，沒有做不到，只有想不到。整天盯著不如別人的地方，希望用關稅和禁令來回避競爭，只不過是把頭埋在沙子裡的鴕鳥政策。

羊毛生產比不過英國，毛織品也比不過英國，就要把國門關起來自己搞羊毛和毛織品嗎？不必，把國門打開，讓羊毛和毛織品進來，用我們法國人的聰明才智再加工一下，搞出一些時尚品牌來，返銷給不會玩時尚的英國畜牧主和煤老闆，我們數英鎊都能數到手抽筋。

雖然拿破崙三世在軍事才能上遠遠遜色於他的伯父拿破崙．波拿巴，但在治理國家經濟方面，他比起伯父來，還真是強多了。

「什麼，你敢藐視我路易的軍事才能，立刻給你點顏色看看！起駕，皇帝要御駕親征普魯士。」

在某方面有成就的人往往會覺得自己幹其他事情應該也比別人強，如果這個有成就者還是位高權重的人物，耳邊全是讚揚之聲，那麼他就更容易涉足自己其實幹不好的領域。拿破崙三世並非沒有打過勝仗，比如和英國一起打贏了對俄國的克里米亞戰爭（Crimean War），和英國一起打贏了對清朝的第二次鴉片戰爭。這點狐假虎威的戰場成就雖然根本不足以和他伯父單挑歐洲群雄的蓋世霸氣相提並論，但卻讓拿破崙三世信心爆棚，覺得自己在戰場上也應該是個人物。

於是一八七〇年，為了阻止德意志的統一，拿破崙三世悍然對普魯士宣戰，並御駕親征，卻因為準備不足，組織混亂，不到兩個月就被普魯士生擒活捉，色當（Sedan）成為拿破崙三世的滑鐵盧。巴黎發生政變，他的帝國也應聲倒下。

皇帝陛下，您是經濟領域的能手，這一點毋庸置疑；可惜在真正的戰場上，您沒有一丁點兒伯父的軍事基因，對此大家深表遺憾。

現在我們可以來回答第六篇開頭的那個問題：為什麼近代法國在與英國的競爭中總是差一口氣？

如果我們考察整個十八世紀，在國內生產總值和人均生產總值方面，法國和英國打成了平手，甚至法國還略占上風。但是從十八世紀末法國大革命開始，從一七九〇年到一八一五年這二十五年間，法國一直處於混亂和戰爭之中，特別是拿破崙・波拿巴發動的歷次戰爭，消耗了大量的資源，也消耗了大量的法國青年，這些熱血男兒原本都應該成為建設法國的勞動力，卻大批陣亡疆場。

這二十五年，是法國經濟衰退的二十五年，在拿破崙・波拿巴被流放荒島後，法國經濟已經從原來和英國並駕齊驅，變成了落後很多的局面。雖然拿破崙三世時期法國經濟開始復蘇並發展，甚至經濟發展一直持續到拿破崙三世倒臺後很長時間，但十九世紀前期起步的落後，讓法國長時間追不上英國的腳步。

兩個拿破崙都遭遇了自己的滑鐵盧，退出了政壇，在他們落寞的背影後，巴黎香榭麗舍大道（Avenue des Champs-Élysées）的櫥窗一個蕭條，一個繁榮。蓋棺定論，哪個拿破崙對法蘭西有更大的貢獻，並不是容易說清的事情。

第八篇

美利堅是何種國

一談起「殖民」兩個字，大多數中國人就會皺起眉頭，中國歷史課本上那句「一八四〇年以來，中國逐漸淪為半殖民地半封建社會」透露出中國人對西方列強侵略本國的憤恨之情，連帶著殖民、殖民者、殖民主義都成了貶義詞。

殖民主義當然是要反對的，因為它理直氣壯地為侵略行為辯護。但對於殖民和殖民者，我們應該收一收憤恨的情感了。人們為了生計，背井離鄉到其他地方建立新家園，這就是所謂的殖民行為，歐洲人曾經四處殖民，中國古代的華人也曾大量湧向東南亞討生活。殖民和殖民者，本身是中性辭彙，類似於流浪和流浪者。同在一個地球上，同屬人類這個物種，憑什麼不允許人們自由地出入某地呢？

野蠻生長的北美殖民者

一四九二年，哥倫布發現美洲大陸後，歐洲就掀起了殖民潮。最早殖民美洲的是葡萄牙人和西班牙人，他們比後來的那些殖民者要幸運多了，起碼從印第安人那裡搶到了一些金銀，而且早期發現的金礦、銀礦都位於西班牙人和葡萄牙人的殖民地。由於西班牙和葡萄牙自認為美洲是教皇授權給他們倆的，因此對於試圖移民美洲的其他國家的人全力阻止。

在十六世紀的大部分時間裡，西班牙和葡萄牙的海軍令人生畏，西班牙的無敵艦隊讓歐洲各國恐懼不已，不敢輕易殖民美洲。一些法國人曾經試圖在北美洲的佛羅里達殖民，結果全被西班牙人殺掉了。直到英西大海戰使無敵艦隊覆滅後，海禁被解除了，在十七世紀中期，英國、法國、荷蘭、丹麥、瑞典……總之一切有海港的歐洲大國，都紛紛在新大陸上殖民了。

殖民既不浪漫，也不性感，殖民者的殖民歲月往往意味著長期的艱辛，比如前往北美的英國殖民者。我們在第四篇已經說過，這些人除了從國王那裡拿到一張殖民許可證，就只剩下一些鼓勵的話了。更加糟糕的是，北美殖民者開闢的殖民地大都土地貧瘠，他們的土地上沒有黃金和白銀，因此只能靠農業、捕魚、伐木、皮毛貿易為生。最初的移民者養活自己都非常困難，往往要靠印第安人接濟的玉米渡過難關。在很長一段時間裡，北美的殖民者人數不增反降，因為他們在飢餓和疾病的襲擾下死亡率高得驚人。

然而最終，英國的北美殖民地成為經濟最發達的美洲殖民地，從一六二〇年一百零二人登上「五月花（Mayflower）」號前往北美開始，到一六八八年，殖民地人口已經達到三十萬，同期法國在北美的殖民地人口只有可憐的兩萬人。到北美獨立戰爭爆發前，英國北美殖民地人口已經超過了兩百萬。

為什麼英國的北美殖民地成為美洲大陸發展最迅速的地區？

因為英國對北美殖民地管得最少！

英國當初把這幫心懷鬼胎的持不同宗教信仰者、做著不切實際黃金夢的幻想家們打包快遞發貨到北美的時候，本來就抱著讓他們自生自滅的態度，因此英國國王既沒有能力，也不好意思向殖民地人民提出太多稅收和服務的要求。為了鼓勵更多本土「社會不安定因素」前往北美，英國出臺了一系列極其優惠的政策，諸如農副產品進出口免稅，窮人按照契約耕作幾年後即可以獲得土地，等等。

這樣的殖民地政策，鼓勵了殖民地人民的勞動積極性，讓他們更有動力改良土地質量。這些殖民者也基本上不用負擔國防、行政方面的費用，每個州一般只有一位總督，幾個官吏加上為數很少的警察，需要供養的公務員數量非常少。

對於北美的商人，制度上對他們有很多優惠。在北美獨立戰爭前，如果你是一名英國本土商人的話，你就要依法納稅，因為政府要靠你的稅錢運轉下去。但如果你是一名北美殖民地的商人的話，你就不必繳稅，因為北美殖民地自治到了幾乎不向英國政府繳稅的程度，他們所需要繳的稅僅僅是英國本土居民的五十分之一！即使是這部分錢，也全部用於北美殖民地的建設和防務，英國本土財政是分文不取的，肉爛到鍋裡，這些錢最終還是留在了殖民地。

總之，北美殖民者屬於大英帝國裡面待遇最好的一批海外居民。

但是——我又不得不說「但是」了，北美殖民者面對英國官員的時候，很少會老實地說「是是是」，他們總是給英國製造麻煩。

法國人在北美的殖民進展本來很成功，他們建立了一個貫穿北美洲中部的巨大殖民地，完全擋住了英國的北美殖民地向西擴展的企圖。但英國的北美殖民者人數眾多，許多人未經本國政府許可，當然也未經法國政府許可，就越過阿帕拉契山脈（Appalachian Mountains），向西尋找更大面積的土地耕耘。這幫無法無天的英國殖民者甚至修建了堡壘，深深地嵌入了法國人自認屬於自己的殖民地內。

更讓法國人光火的事情是，英國的北美商人尾隨而至，開始和法國人搶生意。在這塊北美新大陸的殖民早期，最賺錢的行當莫過於和印第安人做生意，用歐洲的各種製品來換取毛皮，然後把毛皮運往歐洲大賺一筆。這些英國商人與法國商人相比，有兩大優勢，一個是資本更加雄厚。

英國的北美商人繳稅極少，基本上不用為軍隊的給養和國王的王宮付賬，因此從事貿易的時候利潤更豐厚，打價格戰也游刃有餘。另一個優勢是英國當時開啓了工業革命的序幕，工業製品相對於法國來說，更加便宜，因此英國的北美商人在和印第安人做生意的時候，他們的火器、水壺、毛毯等製品的成本更低，因此價格可以更低一些，對印第安人更有吸引力，使得印第安人願意把毛皮賣給英國商人，而不是法國商人。

眼看本國的北美殖民地入不敷出，法國人急了，揮兵摧毀了北美英國人私搭亂建的「違章」堡壘。北美英國人自然難敵法國正規軍，於是向英國本土求援。原本英王不想管阿帕拉契山脈以西的破爛事，因為按照當時的國際準則，法國人已經在那邊插了國旗，埋了刻有主權字樣的鉛盤，那片土地已經屬於法國人了。但自己家「孩子」挨打了，如果放任不管，搞不好法國人再進兵北美十三州，英國人都得被趕下大西洋，後果不堪設想。於是英國和法國圍繞北美殖民地的戰爭打響了。

戰爭結果，法國人被擊敗了。那麼英國人真贏了嗎？

那得看是哪裡的英國人。對於北美的英國人來說，他們什麼都沒有付出，就得到了西部的大量土地，還有暢通的自由貿易線路，賺大發了。但是對於本土的英國人，付出了巨大的戰爭代價，欠了一屁股的債，除了國家榮譽之外，似乎沒撈到任何好處。

一些人開始嘀咕：難道不該讓這些北美鄉巴佬們合情合理地承擔一些國家債務嗎？

為了三便士茶稅，丟掉十三個州

英王和本土英國人就是這麼想的，也是這麼幹的。砍向北美殖民者的第一刀頗為奇怪，就在打敗法國人後，英國宣布禁止向阿帕拉契山脈以西繼續移民。官方的解釋是，政府得有足夠的時間制定一下土地政策，然後再讓廣大人民群眾去享受勝利果實。但北美的商人可不這麼想，他們認為，這是一個陰謀，禁止他們去那邊做生意，是英國為了給英國本土商人壟斷毛皮生意開路，北美商人將被一腳踢開。

還沒等北美商人的抱怨聲響起來，《蜜糖法》（*Sugar Act*）又飛了過來。一七六四年，為了償還因戰爭欠下的國債，英國議會通過了《蜜糖法》，要求對輸入殖民地的蜜糖和糖塊徵稅，這是第一項為特殊目的向殖民地徵稅的法令。

為什麼先對蜜糖徵稅呢？這事兒其實還是跟法國人有關。十八世紀的北美人和歐洲人一樣，都喜歡喝酒，而且是烈性酒。比如在新大陸，蘭姆酒（Rum）就是一種很受歡迎的酒品，而且也是一種重要的出口歐洲的商品。北美人要釀造蘭姆酒，就必須用蜜糖作為原料，蒸餾而成。

那麼蜜糖的產地在哪裡呢？從地域上講，靠近北美的蜜糖產地有兩處，一處是英屬西印度群島，另一處是法屬西印度群島，總之都在加勒比海的海島上。偏偏法屬西印度群島的甘蔗園規模大，生產效率高，比如當時屬於法國的海地島（Hispaniola），僅一七六七年一年，就向歐洲出口了七千二百萬磅的粗糖和五千二百萬磅的白糖；在十八世紀八〇年代，海地島提供了歐洲市場上出售蔗糖總量中的百分之四十。

與之對比，英屬西印度群島上的蔗糖產量低，出售價格高。由於甘蔗園規模小，人口也少，因此這裡對北美出產的木材、魚肉和其他商品需求量也小。於是，北美商人都願意從法屬西印度群島進口蜜糖，因為那裡價格便宜量又足，對自己的商品還有需求。站在商人的角度上，這麼做合情合理。

「等一等！法國可是敵國啊！不從自己國家的殖民地進口蜜糖，卻從敵國的殖民地進口蜜糖，這簡直是通敵叛變的賣國行為！」

英屬西印度群島上的種植園主們開始攛掇本國議會，希望本國議會保護自己種植園的利益。一番聲淚俱下的愛國主義讚歌後，《蜜糖法》頒布了，北美商人的甜蜜日子似乎要走了。

其實英國議會還是挺講道理的，在該法案之前就有對蜜糖徵稅的類似法案了，那時的稅率是每加侖（Gallon）蜜糖收稅六便士，北美商人覺得稅重了，紛紛逃稅，政府根本徵不上來稅款。

根據新的《蜜糖法》，稅率下調為每加侖三便士，但新法強調說，北美商人這次不能再逃稅了，必須依法履行每個公民應盡的納稅義務！

為了「幫助」北美商人納稅，英王派出大量的徵稅官前往北美。法令還規定，北美英國商人不能從法國、荷蘭殖民地進口蜜糖，只能從英國殖民地進口，而且必須租用英國船隻，船長還得是英國人！

按理說，每加侖三便士的稅率並不高，但問題的關鍵不在於稅錢多還是少，而在於公正還是不公正！這等於是英王強迫他們購買指定商品（蜜糖），然後他們還得為這個指定商品交稅。北美鄉巴佬們此時還不敢公然與英國本土兵戎相見，英國軍隊此前連克西班牙、荷蘭、法國等歐洲強國，與之對抗無異於以卵擊石。

這杯稅賦的苦酒，北美殖民者怎麼咽得下去呢？他們想到了一個反擊的策略：抵制茶葉。

本來是蜜糖的爭端，茶葉怎麼會「躺著中槍」了？這是因為一七六七年，英國頒布了《湯森法》（*Townshend Act*），對輸入殖民地的各種商品，玻璃、鉛、顏料、紙張、茶葉等，都要徵收進口稅。一時之間激起民憤，法案遭到了北美殖民者的激烈反對，不得已在一七七三年，法案修正，只對茶葉徵稅，其他全部免除。英國議會不願意免除對茶葉的徵稅，是由於茶葉主要從東方進口，由英國東印度公司壟斷經營，這家公司對於英國的稅收至關重要，因此英國免除其他稅種，單獨保留了茶葉稅。

而且，英國議會當時還天真地認為，北美那些土老帽們主要反對的是「內部稅」，也就是對北美輸出的商品徵稅，對於「外部稅」——輸入北美的商品的徵稅應該不那麼反感，這幫鄉巴佬要是覺得價格貴了，不消費不就行了嘛。

然而，茶葉已經融入北美殖民者的生活之中，甚至於比蘭姆酒對他們的生活更重要。我們知道，英國人喝茶往往加奶、加糖，因此一杯茶裡營養豐富熱量高。其實這個傳統在北美殖民地時期就已經流行了。當時由於甘蔗園的廣泛開墾，糖產量大增，糖價下降，讓人們對加糖的茶能夠消費得起了，於是逐漸形成了對茶和糖的巨大需求。現在突然之間對輸入北美的茶葉徵稅，雖然表面上是對輸入茶葉的東印度公司徵稅，但生活在北美的地球人都知道，東印度公司壟斷了所有的茶葉輸入，他們自然會把稅加到茶葉的銷售價格中去，北美殖民者買也得買，不買也得買，稅最終還是落在了他們頭上。

都是英國國民，為什麼北美人就要承擔這個稅，本土英國人就不需要承擔？這不公平！

抵制！抵制加了稅的茶葉！

那麼，憤怒而且有骨氣的北美殖民者決心從此不喝加糖的茶了嗎？生活中沒有了加糖的茶，還有什麼樂趣可言。北美鄉巴佬雖然土氣一點兒，腦袋可不傻。你以為東印度公司只此一家別無分店嗎？荷蘭人也有東印度公司，而且更美妙的是，這家公司也出售茶葉；更更美妙的是，這家公司的茶葉不加稅，價格便宜！

從荷蘭人那裡走私茶葉就和從法國人那裡走私蜜糖一樣容易，北美殖民者繼續享受他們加糖的茶，繼續製造蘭姆酒出口賺錢。沒過多久，英國東印度公司的高價茶葉堆滿了北美殖民地的沿海碼頭，慢慢發霉，無人問津。

英王和英國議會再次被這種「背叛行為」激怒了，議會一咬牙，竟然開始補貼東印度公司的茶葉貿易，讓其以低於荷蘭東印度公司進口價的價格出售。北美「走私販子」們的走私茶葉售價大約是每磅二先令一便士，英國東印度公司未補貼前的茶葉每磅售價在三先令左右，補貼後的售價下降到了二先令，比「走私販子」的售價還低。

這下北美的「走私販子」們被激怒了，因為這種政府補貼東印度公司「國企」的做法，是要致這些「走私企業」於死地，完全違背市場經濟和貿易逐利的常規。在北美商人的鼓動下，準確地說是在英國議會的倒行逆施下，殖民地人民反抗茶稅的運動愈演愈烈，最終釀成了震驚世界的「波士頓傾茶事件」——幾個北美人冒充印第安人，把東印度公司船上的三百四十二箱茶葉全部傾倒入波士頓港冰冷的海水中餵了魚。

這批茶葉價值約九千英鎊，並不算多，卻掀起了大西洋兩岸的驚濤駭浪，徹底淹沒了英國的北美十三州殖民地，北美獨立戰爭很快爆發了。戰爭的槍炮轟鳴聲退去後，一個獨立的、嶄新的國度——美利堅合眾國浮出了水面。

賭王的美國高徒

美國獨立了，美國人再也不用向英王交蜜糖稅、茶稅和其他一些稅了。他們迎來了不用交稅的美好生活嗎？

開什麼玩笑？那句著名的美國諺語是這樣說的：世上有兩件事是無法逃避的，一件是死亡，另一件是交稅。沒有民眾的稅收，國家怎麼運轉？

新興的美利堅合眾國幾乎是在立國之初就面臨了國將不國的危險。昔日的大陸軍總司令、第一任總統華盛頓（George Washington, 1732-1799）把一紙財政部部長的委任狀交到漢彌爾頓（Alexander Hamilton, 1757-1804）手裡，同時也把國家背負的七千七百萬美元的債務交到了他的手裡。這些債務中，有一千二百萬美元是欠外國政府和外國銀行的；另外兩千萬債務是國家欠各個州的；剩下的債務全是欠普通美國公民的。在獨立戰爭期間，為了籌措打敗英軍的資金，大陸軍曾經向民眾借款，打了許多「白條」，這些「白條」到了該償還的時候了。

美國公民手中的債券情況比較複雜。許多民眾等不到大陸軍取得徹底勝利和國會償還欠款的時候，就把手中的債券廉價地賣給了投機商人，因此許多債券實際上掌握在投機商人手中。

圍繞著如何償還債務，初生的美國議會分成了兩派。一派以財政部部長漢彌爾頓為首，主張以票面價值償還政府所欠的債務，不管現在這債券是握在善良而愛國的普通民眾手裡，還是貪婪的投機者手裡。在漢彌爾頓看來，只有足額清償政府債務，才能樹立政府在民眾中的信譽。

但是以國務卿托馬斯·傑佛遜（Thomas Jefferson, 1743-1826）為首的一派反對漢彌爾頓的償債方案，反對的理由，一方面是不想讓普通民眾吃虧而投機者獲利，更重要的理由是傑佛遜看到償還計劃會加強聯邦政府的權力，對各州和人民構成很大的威脅。

漢彌爾頓的計劃是，成立一個類似於英格蘭銀行那樣的中央銀行，靠政府信用發行紙幣，清償債務。一旦建立起這種國家級金融機構，勢必會削弱各州的權力。傑佛遜則搬出了美國憲法，找出了第十條修正案，即各州和人民享有未賦予合眾國的各項權力。說白了，憲法沒規定聯邦政府有組建中央銀行的權力，因此這項權力屬於各州。如果因為創立中央銀行就打破這條修正案，獨攬貨幣發行權，那麼從今往後，聯邦政府還有什麼權力不能侵犯和奪取呢？聯邦政府要是頒布個法令，說水和空氣都歸聯邦所有，人民群眾豈不是要不喝水、不喘氣了？

這其實是一個兩難境地。美國政府沒有錢就不能運轉下去，但如果強行打壓各州的權力，就等於是剛趕跑了踐踏民眾的英國政府，又製造了另一個剝削和壓迫北美民眾的新政府。

有一種妥協叫做偉大。兩派最終達成了妥協，傑佛遜同意了漢彌爾頓成立中央銀行的計劃，而漢彌爾頓放棄了之前要把紐約作為首都的提議，同意把首都建在更靠近南方的華盛頓，以照顧南方人的情緒。傑佛遜就是南方人，代表了南方農場主們的利益，他們討厭那些財大氣粗的北方佬。

一七九一年，美利堅合眾國銀行成立，人們習慣上稱其為「美國第一銀行（First Bank of the United State）」。這個「第一」不代表該銀行最大、最強，而是代表該銀行只是美國央行的第一個。潛臺詞是，這個銀行的未來命運不那麼美好，此處我們先按下不表。

漢彌爾頓不僅是中央銀行的擁躉，他還是約翰·勞的忠實信徒。他對約翰·勞的經濟手段很推崇，只是他認為，法國的金融大廈之所以倒塌，是因為基礎沒打好，也就是濫發紙幣但抵押物卻不足或者根本沒有。前事不忘後事之師，漢彌爾頓的美國第一銀行股本一千萬美元，其中聯邦政府的股份有兩百萬美元。而另外的八百萬美元，靠在金融市場上發行股票來籌集資本金。這樣的做法讓人們對美國第一銀行的信譽大為欣賞，結果股票上市僅一個月，股價就從二十五美元一股上漲到三百二十五美元一股！

有了高信譽度的中央銀行，漢彌爾頓在償還政府債務上有了底氣。不過他清楚，一個政府要長期健康運轉，穩定的財政收入是必需的。什麼才是穩定的財政收入呢？隨便印紙幣顯然是不行的，那基本上就只有這招——徵稅。

當時幾乎所有的國家都有關稅，因此漢彌爾頓提出，美利堅合眾國也要徵收關稅。此言一出，南部和西部的農場主、種植園主群情激憤。因為徵收關稅，難免會與其他國家打貿易戰，按照慣例，各國往往會鼓勵本國商品出口，並提高從他國進口商品的關稅。由於美國早期是個農業國家，出口主要以農產品為主，打貿易戰會讓美國農產品面對別國的高關稅，出口將受挫，傷害南方農場主、種植園主的利益。而北方佬的工業原料大多靠進口，受到的影響較小。

漢彌爾頓還瞄準了正在興起的一種酒品——威士忌（Whiskey），並推動國會通過了對穀物類酒徵收聯邦稅。在邊疆的賓夕法尼亞州（Pennsylvania），農民們用剩餘的穀類釀造威士忌酒，以此賺錢，他們自然反對徵稅並經常拒絕納稅。一七九四年華盛頓總統派出稅官前去收稅，卻遭到抵制。華盛頓告訴抗議者：有問題，找法院。結果抗稅者卻發動了武裝暴動，史稱「威士忌叛亂（Whiskey Rebellion）」。

聯邦政府的權威性受到了嚴重挑戰。漢彌爾頓建議華盛頓派民兵鎮壓暴動，華盛頓則點齊一萬五千名民兵，殺赴暴動發生地。平叛過程中死了幾個人，所幸事態並沒有擴大。聯邦政府的權威得以保全，更重要的是，聯邦政府徵稅的權力得到了武力的保障。

這次平叛使得華盛頓成為美國歷史上唯一一個親自領兵與本國人作戰的總統。我們該如何評價華盛頓的這一舉動？一個新的暴君嗎？在那些抗稅者眼中華盛頓是個暴君。但幾年之後華盛頓退休回到自己的維農山莊（Mount Vernon）時，他也建立了製作威士忌的蒸餾室，一年左右的時間就生產了一萬一千加侖的威士忌，獲得的利潤是七千五百美元（當時也算一大筆錢）。必須要注明的是，華盛頓為這些酒依法納稅了。

因此，在徵稅的問題上，似乎永遠也沒有一個完美的方案。國家沒有稅收就不能維持運轉，但只要徵稅，就會產生不公平。北美殖民者會因為蜜糖稅和茶稅感到不公平，威士忌釀酒者會因為酒稅而感到不公平。就算是印刷紙幣向全體國民收取「鑄幣稅」，產生的通貨膨脹也會對那些手握更多實物資產的人有利，而對手握更多紙幣的人不利，同樣存在不公平。

也許北美殖民者當年反抗英國徵稅時那句「無代表，不納稅」能夠提供一個相對公平的徵稅機制。讓人們在國會裡有自己的代表，不同的群體一起討論如何徵稅，如何避免對某個群體的暴政，這種體制能夠在一定程度上消除不公平的現象，也讓國家稅收成為有源之水。

凡是北方佬漢彌爾頓支持的，南方佬傑佛遜都要反對，從中央銀行到威士忌稅，傑佛遜全都反對。傑佛遜甚至拒絕喝威士忌，提倡大家喝進口的葡萄酒，但進口的葡萄酒很貴，沒幾個人喝得起，傑佛遜的號召沒人響應。

當然，要真正為南方人撐腰，莫過於在政壇上位。一八〇〇年美國大選，傑佛遜出山，與另一候選人伯爾（Aaron Burr, 1756-1836）競爭總統寶座。結果兩人得票竟然相同，需要眾議院裁決誰來當總統。關鍵時刻，傑佛遜得到了政壇一位大老的鼎力支持，這個大老不是別人，正是漢彌爾頓。

漢彌爾頓是不是腦子壞掉了，竟然支持傑佛遜？其實，傑佛遜固然是漢彌爾頓在政壇上的敵人，但另外的那個傢伙伯爾卻是漢彌爾頓的私仇大敵，兩人互鬥了幾十年。因此漢彌爾頓公報私仇，送傑佛遜當上了總統。不過傑佛遜可不會因此而放棄自己的政治信仰，他一門心思要關掉美國第一銀行，用各州自己的銀行取而代之。但國會當年給予美國第一銀行的營業權期限二十年，要到一八一一年才到期，可以重新審議是否延續營業權。而傑佛遜雖然連任兩屆美國總統，任期內卻無權讓美國第一銀行關門。

傑佛遜的夙願終於在其繼任者那裡實現了，下一任總統麥迪遜（James Madison, 1751-1836）任內的國會並沒有批准美國第一銀行的營業權延期申請，於是美國第一銀行關門歇業了。

傑佛遜在親自書寫的自己的墓誌銘上，提到自己是《獨立宣言》（*The Declaration of Independence*）的起草者、宗教自由法令的起草者和維吉尼亞大學的創始人，他的確是個偉大的人，但這個評價卻不包括經濟領域。傑佛遜主義者們關掉了美國第一銀行，把一場經濟災難帶給了美國。

美國第一銀行百分之八十的股份是掌握在歐洲投資者手中的，關掉了銀行，這些錢全都漂洋過海回歐洲去了，美國立刻陷入了嚴重的通貨緊縮狀態，那些借著美國第一銀行關門而興起的各州立銀行也沒有金銀鑄幣來償還公眾的擠兌，美元出現大幅度貶值。

這場經濟災難讓美國人清醒地意識到，中央銀行不是萬能的，但沒有中央銀行，是萬萬不能的。於是就在麥迪遜總統還當政的一八一六年，美國第二銀行（Second Bank of the United States）成立了。第二銀行的命運與第一銀行驚人的相似，都起到了讓美國經濟繁榮的重要作用，卻也同樣引發了炒作和投機的經濟泡沫。

更為巧合的是，第二銀行也遭遇到了一位痛恨銀行的總統的狙擊，這位總統就是安德魯・傑克遜（Andrew Jackson, 1767-1845），一位來自西部的平民總統。看出身，我們就能猜到他屬於農場主和種植園主陣營，與北方佬和銀行不對盤，何況他還曾經被銀行追討債務達十年之久。

傑克遜總統針對第二銀行幹的第一件事，就是讓聯邦的資本從第二銀行全部撤出，投放到各州的銀行。他的理由是，第二銀行總是把貸款發放給北方的工商業，國家財力如此集中於這個機構，該機構卻沒一碗水端平，涉嫌違反憲法。

各州銀行獲得了大量聯邦存款，於是可以發行更多的銀行券，並以房地產為擔保，發放了非常龐大的貸款。一幕諷刺劇上演了，由於各州銀行濫發銀行券，最痛恨投機和紙幣的傑克遜總統竟然製造出了巨大的投機泡沫。

面對危機，傑克遜要求國會通過《鑄幣流通令》（*Specie Circular*），即人們購買土地的時候必須用金銀鑄幣支付，不能用紙幣。但國會議員們都捲入了投機之中，熱衷於炒買炒賣，不願意通過該法令。傑克遜不得不等到國會休息的一天，把《鑄幣流通令》作為一個行政命令強行簽署。傑克遜的目的達到了，全國性的投機活動戛然而止，可是由於對金銀鑄幣的需求大增，手持銀行券的公眾紛紛要求銀行兌換金銀幣，許多銀行根本拿不出金銀幣，大量銀行因此破產。缺少了貸款，一八三七年，全美國百分之九十的工廠被迫關門，這是美國歷史上首次進入大蕭條。

至於美國第二銀行，由於二十年營業權期滿，沒有獲得延期，轉變成了一家普通銀行，並在掙扎了幾年後破產倒閉。又過了幾年，傑克遜逝世，他的墓誌銘上只有一句話：我殺死了銀行！

第九篇

南北戰爭：讓稅再飛一會兒

戰爭有兩個理由，一個是對外宣稱的理由，另一個是不對外宣稱的理由。

對於為什麼打仗，美國南北戰爭中的兩方各執一詞。北軍高調宣布，我們是為了全人類的解放事業而奮鬥的，特別是要解放南方廣大的黑人奴隸。一八五二年史托夫人（Harriet Beecher Stowe, 1811-1896）著名的《湯姆叔叔的小屋》（*Uncle Tom's Cabin*，又譯作《黑奴籲天錄》）出版，揭露了美國南方種植園中黑人奴隸的悲慘命運，激起了北方民眾廢除奴隸制的正義呼聲。

不過南軍則針鋒相對地提出，美國憲法並無廢除奴隸制相關條款，甚至南方脫離聯邦獨立，也並不違反憲法，而北方用道德理由汙衊南方，本身就是不道德的；北方為了所謂的「國家統一」不惜一戰，才是違背憲法的惡劣行徑，其罪罄竹難書。

以上都是對外宣稱的理由，並一直流傳到今天。但如今，歷史學家越來越關注表面理由背後的理由——關稅，一個讓美國陷入四年內戰的真正原因。

關稅闖大禍

關稅，說白了就是把國門關上，什麼東西進來都得交稅。美利堅在建國之初，是一個典型的農業國，製造業很不發達。當英軍的外部威脅消除後，美國國內的製造業開始起步。在一部分人看來，美國湧現出來的工廠的生產能力和競爭能力同歐洲各國相比，還很幼稚，是應該重點保護的「民族產業」。而且，由於當時美國勞動力不足，因此工廠必須支付給工人比歐洲工廠更高的工資，才能招到工人，這也使得美國工廠生產的產品成本高，價格高，競爭力不強。

怎麼扶持北美大陸上這些幼稚的民族產業呢？

徵收保護性關稅！對於從歐洲進口的工業品，徵收高額的關稅，使得進口工業品在本國的售價抬高，在本國市場上的競爭力下降。在當時的美國，新興的製造業主要集中在北方，而國會主要由北方佬掌控著，於是美國關稅稅率不斷提高。到了一八二八年，更加嚴格的關稅法案在美國國會通過了，歐洲工業品要交的稅更多了。

北方佬彈冠相慶，因為他們自己生產的工業品更有價格優勢，能賺更多的錢了。可是南方佬不幹了，因為關稅戰從來不會只有一方出招，而另一方無動於衷。美國提高關稅的做法，會激怒歐洲各國，迫使歐洲各國也同樣提高關稅，來懲罰美國對自由貿易的阻礙。

這會帶來什麼後果呢？那就是美國出口的產品將被歐洲各國徵更多的稅，美國出口產品的競爭力下降。那麼，當時美國出口的主要是什麼產品呢？歐洲人才不稀罕美國那些粗製濫造的工業品呢，英國的紳士們購買美國的菸草，全歐洲的工廠採購美國的棉花，這些農產品都是美國南方生產的。

關稅戰的結果是北方佬賺錢，南方佬賠錢，這樣的關稅顯然大大的不公平。南方的南卡羅萊納州（South Carolina）反應最激烈，在州代表大會上，這個州甚至宣布關稅法案在該州無效。不僅如此，南卡羅萊納州還通過了一些法令，準備組織軍隊和購置武器。

美國政府（主要由北方佬控制）感覺事態嚴重了，南方這種做法哪裡是對關稅不滿，分明是要另立中央啊！一八三二年，當時的傑克遜總統派遣了八艘軍艦封鎖了南卡羅萊納州，動用武力迫使南方各州接受關稅法案。

在武力面前，南方暫時屈服了，他們只能眼睜睜地看著自己生產的棉花、菸草在歐洲失去競爭力，銷量下降，利潤減少。關稅戰讓南方人要麼購買北方生產的成本高、價格高的工業品，要麼購買附加了高關稅的歐洲進口工業品，總之都不是便宜貨。簡單地從錢的角度看，南方人的損失就是北方人的收益。

南方人也不是沒想過通過正當的議會鬥爭來為自己爭取權利，他們甚至在一八四四年還獲得了短暫勝利，支持南方的總統在一八四六年通過了新的關稅制度，開始降低關稅。從一八四五年的關稅高點百分之二十四左右，經過數次調低，到一八五七年，美國關稅稅率降低到了百分之十五左右。這個稅率已經在南方人可接受的範圍內了。

而且，降低關稅稅率並不意味著美國政府從關稅中獲得的收入減少了。南北戰爭前關稅最高的一八四五年，美國關稅收入是兩千七百五十萬美元；十年之後，關稅稅率下降到了百分之二十左右，美國關稅收入是五千三百萬美元；到一八六〇年，關稅稅率為百分之十五，美國關稅收入是五千三百二十萬美元。關稅稅率下降而關稅收入還在上升，這得益於稅率下降激發了美國和歐洲各國之間貿易量的大幅度增長。所以美國關稅下降的這段時間，不論對於南方農場主還是美國政府，都是美好的。對於購買歐洲工業品的美國人，以及購買美國菸草、棉花的歐洲人，也是美好的。

但對於生產工業品的北方佬來說，生活不美好了，輪到他們感到不公平了。關稅稅率下降，就意味著歐洲工業品在美國市場更有競爭力了，北方佬再也不能用自己粗製濫造的工業品坑蒙拐騙本國人，就算是他們巧舌如簧地號召大家熱愛祖國，支持國貨，他們的產品還是賣不動。

什麼是公平？以保護幼稚的民族產業的名義提高關稅，讓自己的父老鄉親購買粗製濫造的產品，這算是公平嗎？北方佬習慣了高關稅時候的好日子，並把那段日子視作公平。當那段日子隨風而逝，他們就不習慣了，感到不公平了。

北方佬純粹是被當年的美國政府慣壞的。現在，他們試圖讓往日美好的時光昨日重現，重新執掌美國政府，制定高關稅。可怕的是，他們居然成功了。一八六〇年，北方佬控制的國會通過了新的關稅法，提高了關稅稅率。這個新的關稅法的關稅稅率定在了多少呢？

先別往下找答案，您不妨猜猜看。

這個新的法案叫做《莫里爾關稅法》（*Morrill Tariff Act*），目的就是換掉一八五七年通過的那個關稅稅率百分之十五的法案。新法案的稅率定在了令人瞠目結舌的百分之三十七・五。這還不算，國會還打算擴大應徵收關稅的進口項目。

這哪裡是要徵稅，分明是想打劫，北方佬要借新法案打劫南方佬的財富。南方佬搬出了美國憲法，找到了第一條第八款：聯邦政府通過立法徵得的各類稅收用於償付國債，支付國防開支，以及提供大眾福利。

保護幼稚的北方民族工業免受歐洲工業品的衝擊，這算是提供大眾福利嗎？顯然不是。因此，大幅提高關稅，就是違背了憲法。既然北方佬連憲法都不遵守了，我們南方人還有必要和他們在一口鍋裡吃飯嗎？

局勢日趨緊張。一八六〇年十一月，公開主張廢奴和高關稅的林肯（Abraham Lincoln, 1809-1865）當選為美國總統。一個月後，上次挑頭鬧事的南卡羅萊納州率先發難，正式宣布退出聯邦。隨後，南方其他六州先後獨立。林肯就職前兩天，《莫里爾關稅法》通過並執行。慘烈的南北戰爭隨即爆發了。

林肯是南方人恨之入骨的人物，並在南北戰爭結束時遭到了暗殺。但其實，他雖然支持高關稅，但《莫里爾關稅法》並不是出自他手，他只是在矛盾激化的時刻剛好站在了火山口上。

李將軍在華爾街的左路軍

戰爭是人打的，但打的都是錢。南北戰爭一爆發，不論北方佬還是南方佬，立刻面臨了財政危機。

早在戰爭爆發前的一八五七年，美國就爆發了嚴重的經濟危機，歐洲資本大量撤離，本國經濟一片蕭條。財政稅收銳減的聯邦政府只能靠發行短期債券來度日，這也是《莫里爾關稅法》能夠通過的重要原因之一，聯邦政府病急亂投醫，希望靠高關稅來彌補財政虧空。當南方各州開始紛紛獨立時，南方農場主欠北方銀行家的貸款全都作廢，導致北方銀行紛紛破產。聯邦政府的國庫徹底空了，就連支付給國會議員的薪水都發不出來。

南方佬的錢袋子也好不到哪裡去。南方的經濟是靠賣棉花和菸草維持的，戰事一起，國際貿易沒法做了，南方的棉花和菸草都賣不出去，沒錢入賬，這仗也不好打。

大規模的戰爭，需要大規模的融資，兩邊政府首先想到的方式，自然是徵稅。為了打贏這場戰爭，北方聯邦政府徵稅的手段不斷翻新，任何可以徵稅的商品都徵了，還創造性地開始向富人徵收「個人所得稅」，收入在六百美元到一萬美元的富人，收入的百分之三上繳；超過一萬美元者，收入的百分之五上繳。

這個稅種想必讀者們並不陌生，對於今天的受薪階層來說，當月收入超過免徵額的時候，就要交納個人所得稅。在南北戰爭時期，這個稅種只面向富人徵收。就像物理學裡有個自由落體運動一樣，當物體從高處落下時，一開始速度很慢，越向下落，速度越快。個人所得稅也在自由落體，一開始只向富人徵收，當政府缺錢的時候，個人所得稅落到了中產階級頭上，當政府繼續缺錢的時候，個人所得稅又落到了普通受薪階層頭上。因此我們不要對這個稅種今天落在我們普通人頭上大驚小怪。

閒話少說，還是來談南北戰爭的融資問題。除了收稅，另一個能夠想到的籌錢渠道就是印刷鈔票了。南北戰爭之前，美國人的貨幣體系還是以黃金和白銀為基礎的貴金屬本位制。當戰爭開始的時候，北方銀行紛紛倒閉，停止用黃金支付他們發出去的那些票據，北方聯邦政府也沒有足夠的黃金來收拾殘局，於是北方放棄了貴金屬本位制，開動了印鈔機。

在整個戰爭期間，北方聯邦政府一共印刷了面值高達四億五千萬美元的「綠背美鈔（Greenback）」。沒有貴金屬壓箱底，這些綠背美鈔當然會引發通貨膨脹，北方的物價水平在戰爭期間上漲了百分之八十。

作為戰敗方的南方，情況更加糟糕。南方本來經濟就落後於北方，融資渠道又少得可憐，只能不斷開印鈔票，導致南方經濟爆發了惡性通貨膨脹，到戰爭結束時，南方的通貨膨脹率高達戰前的百分之九千。

是金子總會發光的。雖然紙鈔橫行無忌，但老百姓明白那東西貶值很快，黃金和白銀才是亂世中的硬通貨。由於當時華爾街（Wall Street）的股票交易所裡允許進行黃金交易，於是就發生了有趣的一幕：當北方軍隊獲勝的時候，人們預感到戰爭要結束，綠背美鈔要贏了，於是黃金的價格就會下跌；而當南方軍隊獲勝時，黃金的價格就會上漲。在著名的蓋茨堡戰役（Gettysburg Campaign）爆發前，由於北軍節節敗退，兩百八十七美元紙鈔才能兌換官方宣稱的一百美元的黃金，創下了綠背美鈔的價格新低。

這些黃金交易商們為了在黃金投機中獲利，經常毫無情感地把賭注壓在北軍失利的一邊，動搖軍隊和大眾的心。北方媒體怒斥這幫唯利是圖的傢伙為「李將軍在華爾街的左路軍」，意思是這些人幫南軍的統帥李將軍（Robert Edward Lee, 1807-1870）在北方搗亂。林肯也曾經憤怒地說：「所有這些罪惡的腦袋都該被砍掉。」

然而，真正給北方聯邦政府籌措到大筆錢的渠道，卻恰恰來自他們詛咒的華爾街。在一次戰場慘敗之後，北方聯邦政府的財政部長蔡斯（Salmon Portland Chase, 1808-1873）親自到華爾街，以百分之七・三的年利率發行五千萬美元的債券，以籌措戰爭經費。經過一番求爺爺告奶奶的哀求，蔡斯勉強籌措到了這筆錢。但是他清楚，即使是過去富得流油的華爾街，現在也不太可能再拿出錢來支持戰爭了。怎麼辦？

一個陪同財政部長去華爾街籌款的小人物此時站了出來，他就是喬伊・庫克（Jay Cooke, 1821-1905）。庫克是一位年輕的銀行家，他的父親和蔡斯是老朋友，於是蔡斯希望他能夠作為代理人，發行一些五年到二十年期的新債券，年利率百分之六，用黃金償付。

庫克沒有像過去發行債券那樣，把債券賣給財大氣粗的銀行家和經紀商，而是說服財政部把新債券的面額縮小到五十美元一張，這樣即使是美國當時的工薪階層也可以買得起一張債券了。然後，庫克通過報紙和傳單大肆做廣告，告訴普通大眾，購買這種新債券不僅是愛國精神（愛北方佬的國家）的體現，更是一筆很好的投資，能夠給債券持有者帶來豐厚的回報。

庫克的「愛心國債大派送」活動圓滿成功。在南北戰爭前，美國只有不到百分之一的富人持有證券類資產，普通人習慣於把自己的那點現金藏到床底下或地板下面。在庫克的鼓吹下，北方人口中有百分之五的人購買了他發行的新債券。庫克是如此的成功，以至於當南北戰爭結束的那一刻，他賣出新債券的速度竟然超過了聯邦政府戰爭部門的花錢速度。這些新債券也流入到了華爾街的交易所，並催生了華爾街一次繁榮的大牛市。

「行了，庫克，你可以歇會兒了，錢已經足夠多了，你是支持聯邦政府打贏戰爭的大功臣。」

美國的第一桶金

戰爭結束了，但庫克並沒有回家歇著。他的銀行不僅在政府債券市場擁有很大的份額，還涉足到當時方興未艾的美國鐵路大建設的事業中，擁有了幾家興建中的鐵路的股權。然而正是鐵路讓庫克折戟沉沙。

為了完成一條名叫北太平洋鐵路（Northerm Pacific Railroad）的建設，庫克發行了高達一億美元的債券，但這筆錢在鐵路遠未完工時就花光了。不得已，庫克只能繼續發行債券，他試圖把那些歐洲人的錢圈到自己的鐵路項目上，他用當年推銷戰爭債券的方式來推銷自己的鐵路債券，甚至把鐵路沿途的一座城市起名叫「俾斯麥（Bismarck）」，當時歐洲最有影響力的一位德國政治家的名字，以吸引歐洲投資者購買債券。

可惜的是，精明的歐洲人並不像南北戰爭時期的美國人那麼衝動，鐵路債券的銷售舉步維艱。一八七三年，庫克終於撐不住了，他的銀行宣布暫停營業，這直接觸發了華爾街的大震盪，南北戰爭後的大牛市就此終結。

我們談論庫克，並不是要給他寫傳記，而是要談談南北戰爭後美國為什麼能在幾十年間就崛起，成為世界第一經濟強國。在內戰結束後，美國的高關稅政策得到了延續，一直「高空飛行」到了一九一〇年，關稅稅率才重新下落到百分之十五。正是在這段時間，美國實現了工業化，經濟也突飛猛進。因此一些學者認為，正是高關稅保護了美國的民族工業，讓他們積累了自己的第一桶金，然後通過技術改造，最終戰勝了歐洲老牌強國的工業。

心理學中有一個名詞叫做「歸因錯誤（Fundamental Attribution Error）」，說的是我們經常會在解釋一件事情時找錯原因。比如說，晚上七點鐘天黑了，剛好這時候電視裡開始播新聞。如果你說播新聞導致天黑了，或者天黑了導致電視開始播新聞，這就是歸因錯誤。

美國民族工業獲得第一桶金，是否是因為高關稅的保護呢？高關稅的確對民族工業免受歐洲工業衝擊，起到了一定的作用。但關稅直接地進入了聯邦政府的口袋，而不是進入了各行各業中。真正讓美國民族工業獲得初始資本的人，是庫克和華爾街的那幫傢伙。

華爾街證券交易所幾乎是伴隨著美國的誕生而出現的。這種新型的金融形式和古老的銀行有著本質的不同。傳統的銀行是厭惡風險的，銀行家在投資某個項目的時候，總是盡可能地回避那些風險較大的項目，選擇那些儘管回報不高，但風險很低的項目。華爾街這樣的證券市場則歡迎風險，因為古語云「風險越大，收益越大」，通過公開發行債券、股票的形式，華爾街把一個高風險的項目賣給了許多投資者，風險被這些投資者分攤了，因此投資者可以承受投資失敗的損失，從而激勵了他們去追求高風險、高回報的項目。

美國立國前一百年裡能夠從一個昔日的帝國邊疆殖民地，一舉超越所有的競爭國家——昔日的宗主國大英帝國、歐洲大陸上的普魯士和法蘭西、東方的中國，把它們都甩在了身後，一個重要的原因就是華爾街對美國經濟的強力推動。當時的大英帝國由於受到「南海投資泡沫（South Sea Bubble）」破滅的負面影響，投資人心有餘悸，寧願發展傳統銀行，四平八穩地賺點利息，也不願發展高風險的證券市場。而新生的美國「年輕沒有失敗」，毫不畏懼地發展證券市場，使華爾街一步步做大，籌措了大筆的資金。華爾街的投資者們在美國支持了許多超大型、高風險的項目，比如開鑿運河、鋪設鐵路，等等。

南北戰爭後，美國每年的關稅收入不過一億多美元，還沒落到企業家的手裡，主要用於聯邦政府運轉了。考慮還要和別國打關稅戰，滅敵三千也要自損八百，那筆關稅收入還得打折扣。與之相比，當時華爾街的股票市值已經有幾十個億美金了，而且還在突飛猛進，迅速追趕著倫敦的證券市場，那裡是當時世界的金融中心，但不久之後就將讓位給了紐約和華爾街。

更有趣的是，許多購買華爾街股票的資金，來自歐洲的投資人。這些人通過購買股票的方式，出資幫助美國興建鐵路和其他設施。歐洲人持有的這些鐵路股票，本來是可以靠股票紅利來獲利的。但是在那場把庫克打翻在地的股市大崩盤中，歐洲人紛紛拋售持有的美國股票，從一八七三年到一八七九年，歐洲人手中的美國各種證券的價值下降了六億美元，而美國人以很低的價格接盤，把這些股票又買到了手。

結果是，美國人利用歐洲人的錢修成了鐵路，然後還擁有了鐵路的股票。不論是在大牛市還是在大熊市裡，華爾街都讓美國人賺大了。至於關稅那點錢，對美國來說真的不算什麼。

第十篇

黃金與白銀之戰

本書第四篇我們曾經談到，牛頓一聲令下，英倫三島拜倒在黃金腳下，皈依了金本位制。但當時的天下大勢是，雖然西班牙的無敵艦隊已經被英國皇家海軍打沉到了大西洋底，在深深的大西洋底深深傷心，但在金融市場上，還沒輪到英國佬號令天下的時候。

建立金本位制，不過是揭開了黃金與白銀數百年大戰的序幕，這場大戰讓世界主要大國幾家歡喜幾家愁……

黃金VS.白銀，英吉利VS.西班牙

十八世紀之前，世界貿易的中心其實並不是歐洲，而是亞洲，特別是印度和中國，歐洲各國都夢想和印度、中國做生意。然而在工業革命之初，歐洲人真拿不出什麼東西能和中國人交換精美的絲綢、瓷器和茶葉。說實話，歐洲人手裡的東西，只有一樣是中國人感興趣的，那就是白銀。而且我們不要忘了，這白銀可不是歐洲出產的，而是西班牙人和葡萄牙人從美洲掠奪的。

西班牙人把美洲白銀鑄造成錢幣，這就是風行世界幾百年的白銀材質的披索（peso）。西班牙人攜白銀披索而令諸侯，讓全歐洲人都為自己打工。一六七五年，一位自豪的西班牙官員阿方索・卡斯楚（Alonso Nuñez de Castro, 1627-1695）誇口說，整個世界在為西班牙工作，「讓倫敦生產纖維吧，讓荷蘭生產條紋布吧，讓佛羅倫斯生產衣服吧，讓西印度群島生產海狸皮和馱馬吧，讓米蘭生產織棉吧……我們的資本會滿足他們的……所有的國家都在為馬德里訓練熟練工人，而馬德里是所有議會的女王，整個世界服侍她，而她無需為任何人服務。」

洶湧的白銀浪潮在十六、十七世紀席捲全球，披索成為世界各國願意接受的國際通用貨幣。在十七世紀，西班牙人在自己美洲的殖民地墨西哥，用當地的白銀直接鑄造披索，史稱墨西哥披索（Mexican Peso），然後用船把墨西哥披索運回歐洲。如此鉅額的財富自然會招惹強盜前來，海盜們蜂擁而至，組成了一撥又一撥加勒比海盜，瞅準機會就下手，洗劫運輸銀幣的西班牙船隻。為了對付加勒比海盜，西班牙人建造了全世界最龐大的海軍（可惜不是最強大的——英國佬留言），保護運輸船的安全。

即使無敵艦隊已經覆滅，即使美洲殖民地墨西哥宣布了獨立，只要全世界都接受白銀披索作為貨幣，整個世界的金融體系依然是以白銀和披索為中心，西班牙人就依然可以過著舒服的日子。這種世界金融格局令崛起的英國很不爽，白銀和黃金必須分出高下。

當時的局面是，大部分歐洲國家都選擇了銀本位制，因為要和中國人做生意，不用白銀怎麼行？法國則實行金銀複本位制，既有基於白銀的里弗爾，也有基於黃金的金路易；而在大西洋對岸的新興國家美國，金融體系真叫一個亂套，各種鑄幣都流通，而且大小銀行林立，各自都發行自己的銀行券充當貨幣，有些銀行沒有什麼鑄幣本金，也胡亂發行銀行券，以至於當時有人還出版過類似「銀行券鑒別指南」的小冊子，幫助人們鑒別哪些銀行券有價值，哪些一文不值。

總之，只有英國老哥一個堅持金本位制，而且憑藉自己強大的商業實力，拒不與其他歐洲國家妥協。

不同本位或者說金屬貨幣的競爭，本質上其實和商品的競爭是一樣的，都受到供需關係的影響。人們對一種貨幣的需求量增加了，這種貨幣就會變得強勢，相對於其他貨幣出現升值。反之，弱勢貨幣會相對於其他貨幣出現貶值。當英國一腳踢開白銀，建立了金本位制的時候，白銀的需求量就下降了，白銀披索不值錢了，這對西班牙的披索無疑是一種打擊。

另一個影響金屬貨幣戰爭的因素是供應量。日常生活中如果一種商品物美價廉，人們就會樂於購買，貨幣也是一樣。當白銀價格便宜量又足的時候，人們就樂於使用白銀貨幣；當黃金供應充足，相比其他金屬變得便宜時，人們就樂於使用黃金貨幣。

人們開採金礦和銀礦，鑄造錢幣，說穿了也是為了能夠盈利。人們選擇某種貨幣而放棄另一種貨幣，說白了也是從自己的利益考慮，希望選擇的這種貨幣能夠實現自己利益的最大化。歐洲列強固然有國家政權強權來維護本國的貨幣，但如果不能順應貨幣供求的市場規律，恐怕也難以如願。

英國在金融領域裡若要單挑世界諸強，不僅需要實力，還得有點兒運氣。

加州黃金普照全球

一八四八年一月二十四日清晨，木匠出身的詹姆斯・馬歇爾（James Wilson Marshall, 1810-1885）正在北美加利福尼亞（California）的一條河流旁檢查他建造的水渠，水渠從河流裡引水，推動磨坊的水輪。馬歇爾用水沖洗設備裡的碎石，突然，他發現有什麼東西在水裡閃閃發光。

西部拓荒者都是全才，即使不是全才，艱苦的西部生活也把他們打磨成了全才，馬歇爾也不例外，他對礦物知識是略知一二的。看上去，碎片裡的金屬礦物有很好的光澤，馬歇爾用石塊敲打這種礦物，發現它的延展性非常好。他的心臟立刻怦怦地跳了起來，確信自己找到的是金子。

轟動世界的加利福尼亞淘金潮就此拉開了大幕。但其實，馬歇爾發現金子的時候，那個地方還不屬於美國，幾天之後，美國和墨西哥的停戰協議才達成，星條旗才真正飄揚在這片土地上。馬歇爾和他熱衷於農業的老闆沙特（John Augustus Sutter, 1803-1880）想保守發現金子的秘密，但「是金子，早晚會閃光的」，這個消息從加州開始，以光速向外傳播。

有趣的是，首先抵達加州的淘金大軍不是美國人，而是其他國家的人。當時還沒有橫貫北美大陸的鐵路，即使是最勇敢的旅行家，也需要三個月的時間橫穿美洲大陸，把發現金子的消息從加州帶到美國東海岸。加州原本是墨西哥的土地，因此墨西哥淘金大軍最早抵達，約五千人徒步穿越了沙漠，趕了過來。加州瀕臨太平洋，便捷的船隻讓太平洋沿岸的人們比美國東海岸的人們更早知道消息。於是，幾千名生活在南美洲的智利人、秘魯人也緊接著抵達了，夏威夷、大溪地各個島嶼上的人們也懷揣發財夢趕來。遠在澳洲的幾十名被判流放的英國犯人，得到消息後也逃出了澳洲，抵達加州，組成了礦區令人聞風喪膽的黑幫。太平洋彼岸的中國人同樣激動萬分，人們採取先賒賬的形式，乘坐快速帆船到達加州，靠在美國的收入償還船票欠款。

直到一八四八年年底，當時的美國總統才在國會宣布，發現金子的傳聞是真實可靠的，為了更有說服力，他還帶上了一塊二十磅重的金塊，這塊拳頭大小的金塊當時價值五千美金，夠一大家子人舒服地生活兩年。眼見為實，東海岸的美國人組成了浩浩蕩蕩的淘金大軍，趕赴加州。

加州的黃金沒有辜負淘金者的期望。在發現金子前一年，美國的黃金產量只有四萬三千盎司，而且大多數還是開採其他礦產時的副產品。但就在發現金子的那一年，黃金年產量激增了十倍之多。此後黃金產量節節攀升，年產量突破了三百萬盎司。

從一八四八年到一八六〇年，加州出產的黃金，比此前一百五十年間人們開採的黃金總量還多。不用說，加州黃金很快銷往世界各地，金幣的光輝普照大地。

英國佬和金本位制的機會來了。加州黃金加上此後在澳洲發現的黃金，使得世界上黃金供應充足，大英帝國於是把金本位制推廣到自己的勢力範圍，比如澳洲、南非、加拿大等地。此時西班牙國力已經衰落，無力對抗英國在金融領域的改朝換代，真正令英國頭疼的對手，一個是英吉利海峽對岸的法國，另一個就是加州黃金的產出國——美國。

讓我們先來看看法國的情況。當時法國是拿破崙三世掌權，希望能夠維持金銀複本位制，最好國際上能以法國法郎（French Franc）作為基準，與黃金和白銀按照一定比率兌換。拿破崙三世雖然是曾經威震全歐洲的軍事天才拿破崙·波拿巴的姪子，但除了繼承了叔叔的野心之外，戰略和視野就遜色多了。以法郎作為世界貨幣，不要說英國和西班牙不答應，就是正在完成德國統一大業的普魯士也不答應。

野心勃勃的拿破崙三世意圖先拿普魯士開刀，模仿自己的叔叔稱霸歐洲，於是在一八七〇年發動了普法戰爭，在本書第六篇我們已經提及此戰。打仗光有野心是不夠的，還得有實力和韜略，後面這兩樣拿破崙三世都沒有。普法戰爭中法國慘敗，普魯士席捲了法國國庫中的黃金作為戰爭賠償。對普魯士這個本國沒太多金銀產出的國家來說，採用金本位制還是銀本位制，並沒有太大的歷史負擔。既然洗劫了法國的黃金，手頭上金子充足，那就實行金本位制好了。統一的德國就此採用了新的記賬貨幣——金馬克（Goldmark），皈依了黃金教派。

美國HOLD不住了

說起來有些奇怪，坐擁加州和其他一些大金礦的美利堅合眾國竟然遲遲不投靠黃金教派。

其實這並不奇怪，因為十九世紀下半葉，美國人不僅在加州發現了黃金，他們在內華達州（Nevada）和洛磯山脈（Rocky Mountains）裡也發現了大銀礦。到底該皈依黃金教派還是白銀教派，或者繼續同時信仰這兩種金融教派，讓美國從民間到國會，幾十年裡吵得不亦樂乎。

事情得從南北戰爭說起。戰爭期間，北方為了打贏南方，發行了大量的紙幣，也就是俗稱的綠背美鈔，這自然會引發通貨膨脹，因此政府的想法是，等到仗打完了，天下太平了，再把多餘的美鈔收回來，美國人民還是儘量用金幣和銀幣。

美國立國之初其實是個農業國，農場主是國家經濟和政治的重要支柱，開國元勳華盛頓就是一個大莊園主，說白了以農業為生。即使在獨立戰爭打得昏天黑地期間，華盛頓都不忘了寫信告訴家裡的弟弟們，今年種什麼作物收益會更好。

美國早期的農場主基本上是自給自足的經濟，只不過他們土地廣大，每年的作物產量也大，因此不能算「小農經濟」，得稱其為「大農經濟」。這些農場主對紙幣是嗤之以鼻的，在他們看來，地裡產出的礦產和糧食才是真正的財富，人們需要的財富，印刷出來的紙幣，也還是紙而已，怎麼能算是財富呢？

這種淳樸的觀點是沒錯的，紙幣如果算財富，那麼印刷紙幣就是創造財富，今天貧窮的非洲國家只要開動印鈔機，就脫貧致富了，還需要國際援助幹什麼？

不過隨著美國經濟和世界經濟融為一體，美國農場主的農作物大量出口國外，他們對紙幣的態度來了一個一百八十度的大轉變。原因是，他們要更多地購買機械設備、良種和肥料，來耕種廣闊的農田，提高農作物收成，這就必然要和外界打交道，要和錢打交道。農業的一個基本特點是春種秋收，春天是播種的季節，農民需要往農田裡大量投入，卻不會立刻得到回報；到了秋天收穫的季節，農民開始從農田中獲得收入。對於美國這些從事大農經濟的農場主來說，春天缺錢，往往就會去貸款，然後等到秋天把糧食賣掉後還貸款。

對於欠別人錢的人來說，通貨膨脹是好事，多印刷紙幣是好事。就拿這些美國農場主來說，假如春天借了錢，到了秋天，由於通貨膨脹，糧食價格比年初上升了，這些農場主能夠輕鬆還款。南北戰爭前後的美國，綠背紙鈔、白銀、黃金都當錢花，農場主當然更青睞能製造更大通貨膨脹效果的綠背紙鈔了。

一八七〇年前後，美國的白銀產量大增，導致銀價下跌，從貨幣供應的角度看，我們可以說，白銀貨幣也引發了通貨膨脹。因此，農場主對於銀本位也持歡迎的態度。農場主最痛恨的是金本位，因為加州淘金潮之後，美國經濟一度陷入了長期的通貨緊縮，就在這個農場主的艱難時期，一八七一年，美國財政部竟然停止使用白銀鑄造錢幣，農場主們立刻民怨沸騰。

和農場主們一起沸騰的，還有銀礦礦主和礦工們。白銀當然是有許多用途的，但一個主要的用途是鑄造銀幣，現在白銀不能鑄造銀幣了，銀礦產出的白銀就銷不出去，直接斷了礦主和礦工的生計。兩股勢力合兵一處，強烈要求美國國會給予白銀和黃金相同的待遇，那就是也應用於貨幣鑄造。

善於和稀泥的國會為了平息民怨，通過了一些法規，要求財政部每個月購買不少於四百五十萬盎司的白銀，鑄造成錢幣。這個數量大概相當於全美國的白銀產量。國會還規定，同等質量的白銀與黃金的比價是一比十六。這意味著美國將繼續維持金銀複本位制。

農場、礦山的廣大人民群眾滿意了，然而，金銀複本位制的頑疾很快爆發了。由於國家大量收購白銀，而且白銀還與黃金固定比價，真是天上掉餡餅，美國西部銀礦區開始以前所未有的速度開採白銀。毫無疑問，市場上的白銀大增，銀價開始下跌，到一八九〇年，銀價與金價的比率已經下跌到一比二十。劣幣驅逐良幣的定律又發威了，白銀是劣幣，黃金是良幣，人們紛紛把黃金儲存起來，使用白銀和綠背美鈔做交易；由於美國的白銀和綠背美鈔的信譽遠比不上美國的黃金，於是歐洲各國在與美國做生意的時候，支出的時候用美鈔，收入的時候用黃金，美國的黃金儲備迅速地從國庫中流出。

此情此景與當年牛頓接手英國鑄幣局時英國市場上的局面類似，只不過當時牛頓面對的是白銀大量外流，國家無銀可鑄幣，現在美國國會面對的是黃金大量外流，黃金儲備嚴重不足，牽連著綠背美鈔的信用也大大降低。一旦美國財政部的黃金流光，人們對綠背美鈔的信心就會崩盤。

一八九四年二月第一周，形勢已經到了千鈞一髮的時刻。當時美國總統克利夫蘭（Stephen Grover Cleveland, 1837-1908）正在和內閣開會，財政部長接到一個電話，得知國庫的黃金儲備只有九百萬美元了。只要有一張面額大一點兒的匯票寄來，要求美國用黃金支付，財政部就面臨無法償付的局面了。迫於無奈，總統向華爾街的投資銀行家摩根（John Pierpont Morgan, 1837-1913）請教：「您有什麼建議？」

關鍵時刻，還是「唯利是圖」的華爾街拯救了美國。從年輕時就在華爾街的金融戰場上飽經風霜的摩根告訴總統，現在在國內市場發行債券，來收集黃金已經毫無意義，因為民眾不可能願意交出手中的黃金，解決之道應該在國外。他承諾去國外推銷美國的政府債券，兌換黃金回來補充國庫。

由於摩根在金融界有著非常卓越的信譽，因此由他出馬承銷的債券在英國倫敦大受歡迎，美國國庫中的黃金儲備開始回升，並在一八九五年六月穩穩地停在了一億零五百萬美元。

但用債券套取黃金，基本上屬於空手套白狼，拆東牆補西牆，用美國未來的收益來填補今天的國庫。而且更嚴重的是，白銀劣幣驅逐黃金良幣的趨勢並未改變，國庫裡的黃金仍然有可能會全軍覆滅，覆水難收。

白銀與黃金注定要在美國做個了斷。

一八九六年美國大選，這將是兩種金屬貨幣的最後決戰。共和黨候選人威廉・麥金利（William McKinley, 1843-1901）來自華爾街，他高呼：「神聖的貨幣絕不能成為賭局，每一個美元都應該和黃金一樣神聖。」而他的對手，民主黨候選人詹寧斯・布萊恩（William Jennings Bryan, 1860-1925）則一生都為提高農產品價格而戰，高呼：「我們不應當把帶刺的王冠壓在勞動者的眉眼上，更不能將人類釘死在黃金十字架上。」

兩人的競選風格迥異，麥金利扮演著宅男的角色，整天坐在家裡，等著選民上門來和他談，每天他都會問選民們一個問題：「如果今天白銀可以成為貨幣，那麼，明天您手中的美元又會是什麼？」布萊恩則奔跑在全國各地，到處演講，反覆說農民們在債務的壓榨下是多麼的痛苦，而銀幣將會解決整個國家缺錢的問題，解放勞苦大眾。

看上去親民的布萊恩很可能會獲勝，並維持白銀的貨幣地位。然而就在選舉前幾周，美國經濟突然之間變好了，農產品價格在連續三十年低迷後開始上漲。在人們看來，這是以摩根為首的財團穩定黃金儲備的結果。至於是不是摩根的功勞，短期經濟上的波動，原因太複雜了，誰能說得清呢？

能說得清的是，這個消息對於宅男麥金利非常有利，他以兩百七十票對一百六十三票的較大優勢，擊敗了勞心勞力又命苦的布萊恩，當選美國總統。

經此一役，在美國黃金與白銀的戰局日趨明朗，黃金的勝局已定。美元幣值與黃金掛鈎，雖然美國這個時候還會鑄造一些銀幣，但主要用於和東方的中國做貿易，以及在自己的殖民地菲律賓使用。

銀價大跌，清朝的賠款怎麼算

銀本位的最後堡壘，正是東亞的中國和製造白銀披索的墨西哥。一八七三年的時候，世界上還有一半的國家把白銀披索作為法定貨幣，但到了一九〇〇年，只有中國和墨西哥還堅持以銀幣作為貨幣。由於大部分國家，特別是英國、美國這樣的政治和經濟大國放棄以白銀作為貨幣，白銀的使用量大幅度下降，從一八七三年到一九〇〇年，白銀的價格下跌了一半。

當時的清朝已近末年，國力衰微，而墨西哥雖然是個獨立國家，但經濟命脈已經被北方鄰居美國的財閥所控制。指望中國和墨西哥這對難兄難弟維護銀本位，顯然是不現實的。美國此時的經濟實力已經隱隱超越老牌強國英國，身邊的墨西哥小弟要是都和自己的貨幣不對路，顯然有損面子，更有損經濟。於是美國向墨西哥承諾，只要墨西哥同意把披索和美元掛鉤，美國就援助墨西哥，支撐起白銀作為商品的國際價格。與美元掛鉤，實際上就是讓披索與黃金掛鉤。

墨西哥，作為一個離上帝太遠，離美國太近的國家，當然無力對抗北方強大的山姆大叔，於是屈服了，以銀本位為基礎的披索就此完結。

銀本位最後的歲月是在中國度過的。中國幾百年來以白銀作為貨幣，由於人口眾多，長期以來經濟規模大，成為世界上最大的銀窖，全球約一半的白銀在中國作為貨幣流通著。清朝末年清軍連吃敗仗，從第一次鴉片戰爭、第二次鴉片戰爭直到八國聯軍侵華，賠款條約簽了一堆，用什麼賠就成為談判雙方爭論的焦點。

《南京條約》簽訂的時候，清朝人手裡有銀子，當時白銀披索還是世界上的硬通貨，所以英國人雖然已經實行了金本位，但仍允許清朝以銀元的形式賠款。這個慣例一直持續到中日甲午戰爭的時候，情況才有了變化。根據中日《馬關條約》的規定，清朝要賠給日本兩億兩白銀，分八次交清，第一次簽訂之日六個月之內交清，第二次十二個月之內交清，其餘六次從第二年起每年交一次。

《馬關條約》是一八九五年簽署的，當時的國際大背景是銀本位日薄西山，白銀正在退出國際貨幣體系，白銀的價格一路下跌。如果仍然以白銀作為賠償款，由於賠款時限拉長到了七年，清朝交給日本人的白銀如果按照英鎊來計算價值，實際上是逐漸減少的，這就是所謂的「鎊虧」。日本人很不滿，於是要求清朝在支付賠款的時候，把白銀折算為英鎊，在倫敦的銀行支付賠款。後世有人計算，改為英鎊支付賠款後，清朝等於多掏近一千五百萬兩的賠款給日本。

把白銀賠款轉換成英鎊賠款，日本人賺了嗎？首先我們要明確，這筆賠款是日本與清朝簽訂的不平等條約，這筆錢本身是掠奪中國的財富，是不義之財。其次從貨幣角度看，日本人要求用英鎊支付倒是沒有太多可指責的，我們說劣幣驅逐良幣，是在市場上人們都把良幣留在自己兜裡，用劣幣做交易。對於賠償款來說，日本人要把錢拿到自己兜裡，自然希望獲得良幣，也就是當時以黃金為價值基準的英鎊。清朝要把錢賠出去，自然希望用劣幣即不斷下跌的白銀來支付，只可惜戰敗之國，沒什麼討價還價的餘地，也只能是接受日本的要求。用英鎊結算，日本人只是避免了損失，而清朝則是沒有享受到白銀價格下跌帶來的益處。

值得一提的是，日本自從明治維新之後，一直希望脫亞入歐，參與到全球的競爭中。在金本位逐漸一統天下的大背景下，日本雖然自古以來是白銀產地，卻也想建立起金本位制，與歐美列強平等地做貿易。無奈日本崛起得太晚，家底子薄，黃金儲備又很少，想皈依黃金教派，卻沒有本錢。《馬關條約》的賠款讓日本發了一筆橫財，利用清朝賠來的英鎊，日本終於建立起金本位制，融入到國際貿易的主流之中。

只有清朝還在銀本位的道路上末路狂奔。對於清朝來說，更大的貨幣亂局是在幾年之後，八國聯軍攻入北京城，強迫清朝簽訂了喪權辱國的《辛丑和約》。根據這個條約，每個中國人要賠款一兩銀子，總計四億五千萬兩，從一九〇二年開始交款，一直要交到一九四〇年。之所以把賠款時限拉長到幾十年，是因為列強怕這筆鉅款清朝財政吃不消，所以讓清朝慢慢還。不過，利息是不能少的，連本帶利，清朝一共要賠九億八千萬兩！

這筆賠款一開始是用白銀償付的，但很快列強就發現，白銀在不斷地貶值，自己吃虧了，於是向清朝施加壓力，要求以金本位的貨幣賠償。一九〇五年，清朝被迫讓步，答應向列強支付英鎊等金本位貨幣作為賠款，同時對於一九〇五年之前白銀支付的部分，也要進行一定的補償。

列強們終於滿意了，沒想到天有不測風雲，清朝幾年之後竟然「破產倒閉」了，辛亥革命推翻了大清政權，中華民國建立。列強們當然不願放棄鉅額的賠款利益，他們要求孱弱的民國繼續償付清朝的「債務」。民國政府則虛虛實實地敷衍，列強得到的賠款聊勝於無。此後兩次世界大戰中，中國政府都押對了寶，站在了勝利者一邊，同一個戰壕的兄弟，大家好說好商量，最終清朝的剩餘賠款都被列強逐漸免除了。

更為搞笑的是，段祺瑞執政的時期，還曾從日本那裡大肆借款，總計一億四千五百萬日元，史稱「西原大借款」，貸款的抵押物包括中國山東和東北地區的鐵路、礦產、森林等。段祺瑞在借款的時候，其實就沒打算要還。後來時局動蕩，民國政府更迭頻繁，日本借出的這筆款基本上打了水漂，日本政府竟然吃不消了，不得不發行公債，填補這筆虧空。只是日本在中國山東加強了自身勢力，算是撈回一點兒政治賬。

銀價大漲，銀本位歸天

民國初期，中國依然逆金本位的大勢而動，堅持銀本位，一九一四年袁世凱就曾經鑄造銀幣。一九二八年國民黨北伐勝利後，依樣畫葫蘆地發行銀幣，只是把袁世凱的頭像換成了孫中山，重量成色規格都一樣。

一九二九年從美國開始的經濟危機爆發，迅速蔓延到了世界各國，逼得各國接二連三地讓貨幣貶值，短期內放棄了與黃金的固定匯率，金本位體系一度動搖。而此時東方的中國卻沒有受到太大的影響，成為世界經濟大蕭條中的一處避風港，正是因為中國實行銀本位，和世界各國不走一條道兒。

而且在白銀不斷貶值的背景下，中國的貨幣相對於其他各國的貨幣出現貶值，這就使得中國貨在國際市場上變得相對便宜了，中國貨更加具有競爭力。在一九三〇年和一九三一年西方世界一片蕭條的時期，中國竟然出現了國際收支盈餘，在世界主要國家遭受嚴重通貨緊縮困擾的時候，中國國內居然出現了溫和的通貨膨脹。

好日子總是很短暫的。等到美國等國家從經濟危機中恢復元氣，中國銀本位的滅頂之災就來臨了。對銀本位的最後一擊，居然是來自美國。第九篇中我們已經談到，一八九六年美國大選，讓黃金教派徹底戰勝了白銀教派。但廣大農場主和礦工們依然手握選票，不是那麼容易屈服的。在後來的經濟大蕭條時期，美國的白銀不斷貶值，從一九二八年每盎司白銀五十八美分，下降到一九三〇年的三十八美分，到了一九三二年下半年，更是下降到了二十五美分。白銀教派掀起了聲勢浩大的遊說活動，要求美國政府拯救白銀的價格，比如讓政府高於市場價格購買白銀，讓白銀作為國庫儲備，發行白銀貨幣。這些措施如果真的施行，銀本位在美國就死灰復燃了。

白銀教派控制了美國西部的幾個州的選票，大概可以占到選票總數的七分之一，這個比例當然不足以讓銀本位在美國鹹魚翻身，卻完全有實力對誰當美國總統產生影響，並進而影響美國的政策。一九三四年，羅斯福（Franklin Delano Roosevelt, 1882-1945）總統簽署了《白銀收購法案》（*Silver Purchase Act*），要求美國財政部在國內外市場上收購白銀，直到白銀價格達到每盎司一‧二九美元，或者財政部白銀儲備達到黃金儲備的三分之一。這個法案的通過，雖然沒有讓白銀把黃金從貨幣體系的王座中掀翻，卻等於是短暫地實行了金銀複本位制。

一隻南美洲亞馬遜河流域熱帶雨林中的蝴蝶，偶爾扇動幾下翅膀，可以在兩周以後引起美國德克薩斯州的一場龍捲風，這是氣象學裡的蝴蝶效應（Butterfly Effect）。同理，美國通過《白銀收購法案》，一舉粉碎了中國短暫的經濟繁榮和銀本位，美國蝴蝶扇動翅膀，在中國引發了一場貨幣災難。

此話怎講？世界經濟老大美利堅干預白銀市場價格，讓白銀價格急升，以白銀計價的中國貨在國際市場上的價格上升，競爭力下降，嚴重打擊了中國的出口。例如一九三四年，中國主要的出口商品生絲全年的出口量只有一九三〇年出口量的百分之二十二。更為糟糕的是，國際市場上白銀價格迅速飆升，到一九三五年春天，國際銀價超過中國國內銀價已達到百分之五十，使得從中國向國外倒賣白銀成為十分有利可圖的營生。

此時，侵略中國北方的日本也趁火打劫，利用兩邊的銀價差大肆倒賣白銀，甚至直接掠奪中國的白銀，並攻擊中國的金融體系，使中國的外匯儲備幾近彈盡糧絕。中國境內出現了嚴重的通貨緊縮，加上國際貿易環境惡化，國民黨政府撐不住了，一九三五年正式宣布放棄銀本位制，實行法幣，規定法幣一元等於英鎊一先令二．五便士，在英鎊與黃金掛鉤的前提下，法幣等於也採取了金本位制。

隨著國民黨政府轉向了金本位制，黃金與白銀的幾百年大戰終於落下了帷幕，黃金教派一統江湖，可惜，它不能千秋萬代地統治下去。

第十一篇

德意志覺得地球太小

據說德國音樂家貝多芬（Ludwig van Beethoven, 1770-1827）創作第三號交響曲時，本來是要獻給當時捍衛法國革命、引領民主和人權的拿破崙·波拿巴的。但當拿破崙稱帝的消息傳來，憤怒的貝多芬撕掉了標題頁上拿破崙的名字，改為「紀念一位英雄」，該交響曲於是被稱為《英雄交響曲》。

貝多芬的判斷是正確的，窮兵黷武的拿破崙把貝多芬故鄉的許多城鎮夷為平地。但貝多芬不知道的是，法蘭西和德意志彼此敵視的梁子一直到二十世紀都沒有擺平……

一個中歐小國的勵志故事

十八世紀剛開始的時候，後來統一德國的普魯士還不算強國之列，雖然國王的頭銜很響亮，叫「布蘭登堡大選帝侯」，但也就是個諸侯一級，當時德意志境內小國林立，普魯士只是「矬子裡拔大個」，和當時統一、強大的法國、英國等國完全沒法比。

一七〇一年，布蘭登堡大選帝侯腓特烈三世（Friedrich III, 1657-1713）支持奧地利向法國宣戰，藉以換取國王的稱號，從此，有了「王」的普魯士才正式成為一個王國，同時也在建國之時就和法國結了梁子。此後的一百年裡，普魯士不斷擴張，甚至還參與到瓜分波蘭的戰爭中。

眼看著普魯士大有占據德意志半壁江山的勢頭，卻不承想被法國一棍子打暈了。先是被法國革命軍隊擊敗，被迫割讓了萊茵河以西的普魯士領土；隨後揮舞大棒而來的就是赫赫有名的拿破崙・波拿巴，一八〇六年把普魯士國王打得抱頭鼠竄。一年後普魯士與法國言和，普魯士又損失了大片領土，並賠款一億三千萬法郎。

割地、賠款，聽上去普魯士就像中國清朝末年的衰樣。但普魯士人從此痛定思痛，開始了全國改革之路。當時的首相施泰因（Heinrich Friedrich Karl Reichsfreiherr vom und zum Stein, 1757-1831）宣布全部廢止普魯士的農奴制度，允許土地自由買賣，鼓勵人民參與政治，實施地方自治，改組中央政府機構。農奴變成自由民，就意味著出現了許多有人身自由的、可雇傭的勞動力；允許土地自由買賣，會提高土地的利用效率；人民參政議政，國家政策就更符合民情。

施泰因的這些改革措施讓普魯士開始從屈辱中崛起，卻引起了拿破崙的警覺，拿破崙藉口施泰因有反法言論，逼迫普魯士將其免職。此時的普魯士還沒有力量與拿破崙叫板，施泰因只好逃亡他國。此後施泰因致力於在歐洲各國斡旋，決心和氣焰囂張的拿破崙死磕到底。正是由於他的努力，沙皇俄國站在了法國的敵對一邊。

幾年之後，拿破崙終於被反法同盟徹底打倒，普魯士拿回了所有割讓出去的土地，終於揚眉吐氣了。而且，拿破崙戰爭對普魯士也並非全是壞事，經過戰火的洗禮後，許多昔日的德意志小國不復存在，德意志從大量小國寡民的「春秋時期」逐漸向少數群雄割據的「戰國時期」過渡，為最終的統一掃清了障礙。此外，在拿破崙侵占的那部分德意志領土內，推行了法國式的法律體系和經濟制度。如果說除了武功之外，拿破崙對於法國還有什麼其他重要貢獻的話，那就是他在位時期頒布的《拿破崙法典》（*Code Napoléon*），使法國邁向了法制化的國家。這些先進的法律制度和經濟制度讓普魯士人開了眼界。

但此時普魯士連自己的國土還沒「統一」，因為它的國土並不都是相連的，大體上分成了東西兩塊，中間被一些小國隔開了，本國內部做生意的話，還要通過別國的境內，這太滑稽了。於是，普魯士開始和鄰國商量，成立了關稅同盟。這個同盟一開始只包括了普魯士和周圍幾個小國，後來一度擴大到三十八個邦國。關稅同盟有兩大協議，一個是建立一個由普魯士帶頭的統一的對外關稅；另一個是取消同盟國間通行費用和海關壁壘，建立一個共同的市場。

這個關稅同盟的目的主要是方便德意志各國間的貿易，實行低關稅的自由貿易。但普魯士其實還有另一個目的：奉行貿易保護主義，孤立奧地利，即另一個德意志圈子中的大國。奧地利也不甘示弱，組建了自己的關稅同盟，只是成員國較少。

統一關稅之後就是統一貨幣。在關稅同盟成立之前，這些雜七雜八的小國總共使用了七十多種貨幣，這對於從事貿易的商人來說太麻煩了，從數學上講，七十種貨幣彼此之間的兌換關係有（69+68+67+……+3+2+1）=2415種，看來偉大的數學家高斯（Carl Fridrich Gauss, 1777-1855）誕生在德意志絕對是有道理的，德意志貿易中的貨幣兌換只有高斯這樣的人物才玩得轉。一八三七年關稅聯盟達成了協議，以普魯士的貨幣為基礎，創立了新的貨幣——馬克（Mark）。商人們終於可以輕鬆地交易商品而不必進行複雜到讓頭腦爆炸的計算了。

關稅同盟對德國經濟產生重要影響的另一措施是促進了鐵路網的修建。一八三五年德意志北部的第一條鐵路開通，短短幾年間，關稅同盟境內鐵路的總長度已經超過了法國。有了統一的貨幣和便捷的鐵路網，在普魯士的帶領下，德意志經濟的「任督二脈」已經打通，一個新的軍事和經濟巨人正在歐洲中部崛起，世界上的新老霸主們馬上就要感受到它的威脅了。

普魯士的宿敵，就是屢次欺凌自己的鄰國——法國。為了統一德意志全境，普魯士於一八六四年及一八六六年先後擊敗了丹麥及奧地利，但是拿破崙三世的法國在幕後操縱德意志南部的一些小國，對抗普魯士，阻撓德意志統一。

你不讓我舒服，我也不讓你痛快。當時西班牙王位出現了空缺，西班牙國內推舉普魯士國王的親戚、德意志的一位親王來當國王。這裡要說明一點，歐洲許多國家的王室由於長期政治聯姻的緣故，大都沾親帶故，王室繼承有一套嚴格的規定，誰是第一順位繼承人，誰是第N順位繼承人，在國王還健在的時候就已經安排妥當了。因此西班牙找一位德意志親王來當新任國王，並不稀奇。

但拿破崙三世顯然不願意看到這個結果，因為這樣一來，普魯士和西班牙就走得很近了，法國將面對腹背受敵的局面。拿破崙三世以為普魯士還是只軟柿子，要求普魯士割讓德意志南部的巴伐利亞（Freistaat Bayerm）等邦國。但此時的普魯士已經不是吳下阿蒙了，況且這時該國還出了一位強悍的首相——俾斯麥（Otto Eduard Leopold von Bismarck, 1815-1898）。俾斯麥不僅拒絕了法國的無理要求，還故意把法國方面的要求洩露給巴伐利亞等邦國，引起了這些地方的極大恐慌。俾斯麥趁機和這些邦國達成攻守同盟，承諾只要他們被攻擊，普魯士就是他們的堅強後盾。

拿破崙三世找到了出兵的「藉口」，於是對普魯士宣戰，普法戰爭爆發。戰爭的結果我們已經在前面介紹過了，軍事侏儒拿破崙三世被擒，法蘭西第二帝國被推翻。普魯士並不滿足於把法軍趕出德意志，而是繼續進兵，包圍了巴黎，直到法國同意割讓阿爾薩斯（Alsace）和洛林（Lorraine），並同意三年內賠款五十億法郎才退兵。

三年五十億法郎，打劫啊！當時一法郎規定含金〇・二九克，五十億法郎就是一千四百五十噸黃金，論價值，這些黃金比起三十年後清朝簽訂《辛丑和約》時要賠給八國聯軍的白銀的總價高出一個數量級。當年普魯士賠給拿破崙・波拿巴才一億三千萬法郎，現在轉身獅子大開口，幾十倍的賠款往回撈。

令人驚訝的是，法國居然真的用了三年就如數賠償了這五十億法郎，附帶支付了一些利息。由此我們只能慨歎，清朝末年的經濟的確已經孱弱不堪，被歐洲列強甩出了好幾條街，連賠款都寒酸。法國吃了大敗仗，還能夠在短時間內湊齊五十億法郎，也說明拿破崙三世的確是個經濟建設的好手。

巨大的勝利讓普魯士人一時之間忘乎所以，一八七一年包括普魯士在內的二十二個邦國和三個自由城市宣布成立德意志帝國，由普魯士國王威廉一世（Wilhelm I, 1797-1888）加冕帝國皇帝。要說加冕這件事，在自己帝國首都加冕是普通加冕，找個山清水秀的地方加冕是文藝加冕，你威廉一世跑到人家的凡爾賽宮裡加冕，算是什麼加冕呢？

鉅額賠款，加上威廉一世在法國凡爾賽宮加冕一事，深深地刺痛了高傲的法國人的心。普法戰爭後，法國國內掀起了復仇主義的波瀾，大家都琢磨著如何報復德國人，而德國人也對此很擔心。兩國緊張的關係深刻地影響了此後的歷史進程。

德意志商業帝國

法國的賠款給了新興的德意志帝國一針強心劑，德意志確立了金本位制，原本就已經起步的工業革命現在更是一日千里。搶回來的阿爾薩斯和洛林是鐵礦和煤礦的集中地，所以帝國的煤炭工業、鋼鐵工業產量可觀。

但德國人也有自己的煩惱，那就是他們崛起得有點兒晚了，世界上有點價值的地方都已經被搶得差不多了。十九世紀後半葉到二十世紀初，是歐洲列強瓜分世界的瘋狂時期，到了二十世紀開始的時候，殖民國家及殖民地已占全世界百分之八十五的陸地面積。各國的殖民地分布是不均衡的，號稱日不落帝國的英國搶得了大量的殖民地，從一個不大的島國進行對外擴張，在北美大陸、南部非洲、亞洲、澳洲大陸、印度次大陸獲得了很多殖民地。法國則在北部非洲、阿拉伯半島、東南亞也獲得了大片的殖民地。昔日強國西班牙、葡萄牙雖然已經衰落，但瘦死的駱駝比馬大，它們手裡仍然掌握著大片的殖民地。

比較悲催（網路用語，指「悲慘得催人淚下」）的是新興的美國、德國、日本和義大利這些國家，只占有了一些面積不大、資源貧乏的「犄角旮旯」。就拿德國來說，僅僅占領了非洲的幾小塊殖民地，被英法廣闊的殖民地包圍著；此外，德國還占據了中國山東的膠州灣和大洋洲的新幾內亞的一部分。

這些殖民地即使有資源，也不夠德國工廠塞牙縫的，更何況管理這些殖民地還要一大筆費用，對德國來說得不償失。

搶不到太多的資源，德國人只能自力更生，他們發展了當時世界上最先進的化工工業和電氣工業。比如一八五六年，英國科學家柏琴（William Henry Perkin, 1838-1907）發明了合成染料，但是英國的企業家卻沒有太大的興趣，因為當時英國可以從殖民地獲得一些天然染料。結果，柏琴的老師霍夫曼（August Wilhelm von Hofmann, 1818-1892）把這項發明帶到了德國，德國人如獲至寶，將發明應用到生產中，形成了染料化工行業，到一九〇〇年，全世界百分之八十的染料都是從德國的工廠生產的，英國人被遠遠地甩在了後面。

英國的工業不只在染料方面落後於德國，而且在工業總產值上被德國趕上並超過。一八七〇年普法戰爭爆發時，英國的工業產量占世界工業總產量的百分之三十一・八，而德國還只占百分之十三・二。到一九一四年時，由於美國的產量從占世界總產量的百分之二十三・三，猛增到百分之三十五・八，成為新的世界經濟霸主，英國工業產量所占的比例已快速下降到了百分之十四。不過這段時間，德國的產量卻得到了快速增長，以致它占世界總產量的比例還略有上升，達到了百分之十四．三，已經大於昔日霸主英國所占的比例。

德國工業產量能夠迅速趕超英國，和德國工業奉行卡特爾（Cartel）壟斷組織有關。在當時的世界經濟中，英國、美國等國家基本上奉行自由競爭的市場經濟，限制壟斷企業，但是在當時的德國，壟斷組織不僅合法，而且勢力強大。卡特爾就是名義上相互獨立、生產類似產品的公司之間的聯合，大家一起壟斷市場，規定產品的價格、產量，反對其他公司的競爭。這種組織類似於今天世界上的石油輸出國組織，這些國家通過限制產量來達到抬高油價的目的，獲得更大的利潤，避免同行業的競爭。

德國卡特爾組織的數量在一八七五年只有四家，到了一八九〇年就增加到一百家，到了一九一四年的時候，已經接近一千家，達到了三百六十行、行行卡特爾的程度。按說有了卡特爾，這些組織會限制產量，德國的工業產量應該不會快速增長。但這些卡特爾的產品不僅在國內賣，也大量出口國外，在國際市場上與別國商品一較高下。

和拿破崙三世時期法國奉行自由貿易不同，德國奉行保護性關稅，限制其他國家產品在本國銷售。這樣一來，卡特爾就可以在國內市場上呼風喚雨，抬高價格，維持高利潤。然後，卡特爾利用國內市場的利潤作為補貼，在國際市場上低價傾銷自己的產品，擴大市場占有率，與其他列強競爭。在國際市場上，卡特爾甚至可以比平均生產成本更低的價格銷售產品，只要保證國內市場的高價足以彌補國際市場的虧損即可。例如，德國當時國有鐵路當局對運往邊境的外銷貨物收取較低的裝運費，而對境內貨物裝運收取高價，這一例子便是卡特爾贏利模式的一個典型。

這種低價傾銷的模式在現代社會司空見慣，但在十九世紀末、二十世紀初還是很反常規的，有很大的殺傷力，國際市場上德國產品的出口量迅速增長，名義上的世界老大英國終於坐不住了。

德國產品在地球上的各個市場上同英國展開了激烈的競爭。英國雖然能在自己的殖民地通過各種限制手段，保持本國產品的優勢，但在拉丁美洲、中東和遠東等非英國殖民地的市場上，卻徹底輸給了來勢洶洶的德國商人。

「磚家」把德意志忽悠瘸了

雖然在國際市場上所向披靡，但是德國商人還是發現，地球表面的陸地好像不夠大，他們工廠強大的生產能力超出了國際市場對其產品的需求，生產過剩的麻煩開始纏上了德國商人。德國人把自己遇到的困難歸咎於英國，因為英國占有世界上最遼闊的殖民地，想方設法阻撓德國貨進入這些地方。假如英國殖民地能夠向德國貨敞開大門，德國人就不會生產過剩了。

德國的專家們此時跳了出來，把這種論調上升到了理論高度。一八九七年，德國地理學家腓特烈・拉策爾（Friedrich Ratzsl, 1844-1904）把自己對地理的研究擴展到德國工業生產過剩的問題上，並結合當時流行的達爾文主義，提出了「國家有機體」的學說，後來又提出「生存空間」的概念。他用生物來類比國家，就像生物需要生存空間一樣，國家也需要生存空間。由於世界在向前發展，大國將逐漸拓展自己的空間，小國變得無足輕重。世界歷史總的趨勢是，國家對空間的要求越來越大。

這個趨勢可以從歷史上各重要商業國家的演變得到證明：威尼斯公國、荷蘭共和國、大英帝國都曾經是十分強盛的國家，但從生存空間看，威尼斯只是一個城市，荷蘭是一個三角洲國家，英國是一個島國，而當時越來越強盛的美國是一塊大陸。各強國必須遵從這個趨勢，努力用殖民、合併及征服的手段來拓展生存空間，否則就得敗亡。

這種理論並非德國專家獨有，當時英國的一位專家也提出，國家要生存，必須搶占殖民地，控制原料產地，並將這些地方變成產品的輸出市場。

理論有可能是歪理，專家也可能是「磚家」。當時流行的關於殖民地的理論，從經濟上分析一下，都是站不住腳的。

磚家說，有了殖民地，才有了原物料的來源。

錯！獲得原物料不一定非要政治上控制、軍事上占領那些地區，通過購買就可以實現。當然，一些人會反駁說，購買太花錢了，占領殖民地可以直接掠奪。但是，軍事占領同樣有成本，而且要掠奪殖民地，就得長期控制該地區，維持足夠的駐軍和行政人員，讓殖民地經濟運轉下去，也需要投入資金和物資。此外，還要時刻提防著被其他國家搶了去。實際上，從成本和收益角度看，絕大多數殖民地都是虧本的買賣。

而且，近代歐洲工業最大的原物料來源地，是美國（棉花、菸草、礦產）、南美洲（蔗糖、咖啡、木材）和大洋洲的英國自治領，這些地方在十九世紀末的時候，都已經先後獨立或自治了。那些真正的殖民地出產的原物料並不多。

磚家說，有了殖民地，才有了銷售產品的市場。

錯！賣東西不必非要有自己的殖民地，許多殖民地在建立的時候，也不是為了賣東西，殖民地能消費的歐洲產品其實很有限。比如一九一四年之前，法國的出口商品中，只有百分之十是運往法國殖民地的，因為法國的許多殖民地要麼人口太少，要麼人口雖多，但都是生活困難、需要救助的人群，根本沒有消費力。

比較特殊的殖民地是印度，那裡人很多，而且也的確有一部分人對歐洲商品有消費力，比如英國殖民者和印度上層社會人士。印度確實購買了一定量的歐洲產品，但卻不僅僅是從宗主國英國進口的。當時，印度消費者購買的德國貨竟然比英國貨還多，這是讓英國人非常氣惱的一件事。法國賣給印度的商品也比賣給自己殖民地阿爾及利亞的商品更多。這些事例都說明，就算殖民地是你家的，也不一定就消費你家的產品。

磚家又說，有了殖民地，資本家們積累的剩餘資金才有了投資的地方，才有了賺取新利潤的機會。

又錯！英國是當時最大的對外投資國，但是它大部分對外投資都撒向了獨立國家和自治領。一九一四年前，法國對外投資中，只有不到百分之十投入到法國殖民地的項目中，它的主要投資都是針對其他歐洲國家的。比如法國對外投資的四分之一以上都投入了俄國，當時的歐洲列強之一。像俄國、義大利、西班牙、葡萄牙甚至美國這樣的國家，從投資的角度看，屬於「淨債務人」，他們接收的投資額比對外投資額要多。德國在自己殖民地上的投資額基本上可以忽略不計。

但是德國完全被當時殖民地理論的謬誤給蒙蔽了，從上到下叫囂要獲得「太陽下的位置」，也就是要求獲得更多殖民地。其實從經濟的角度來看，殖民地未必真的能給德國帶來更多的利益。

一戰爆發與錢無關

殖民地少的列強要求重新劃分世界，殖民地多的列強則拚命保住自己的殖民地，這更多是民族心理在作怪，英國覺得自己是世界霸主，不容他國挑釁；法國覺得受了德國侮辱，一門心思要報復；德國覺得搶的地盤太少，和自己現在的身分不相稱，奧匈帝國覺得自己才是歐洲正統名門正派，沒有點兒殖民地說不過去……那年頭，不搶幾塊殖民地，你都不好意思說你在歐洲大陸上算個強國。

有這麼一個歐洲國家，曾經不遠萬里繞過半個地球，跑到中國的山東半島，搶了一小塊叫做膠州灣的地方，花費鉅資，以本國一貫的嚴謹認真態度，在當地修建了大量保質期一萬年的獨棟別墅。後來，這塊地方被日本人搶去了。再後來，這塊地方回到了中國人民的手中，那些獨棟別墅成為當地著名的旅遊景點，每年吸引大批遊客來參觀，甚至還有來自這個歐洲國家的遊客。這個地方，叫做青島。這個冤大頭國家，就是德國。那年頭，所有的列強都頭腦發熱，算錯了經濟賬。

並不是所有人都這麼不理性。德國「鐵血首相」俾斯麥曾經支持法國與英國爭霸，爭奪殖民地，這並不是因為他同意磚家那套「生存空間」的理論，而是想轉移法國的注意力，不要整天想著報復德國人。俾斯麥雖然名號「鐵血首相」，但在德意志統一大業完成後，一直主張韜光養晦，「高築牆、廣積糧、緩稱王」，積累家底。

但是像俾斯麥這樣有頭腦的政治家實在是太少了，一八九〇年俾斯麥退隱江湖，一八九八年病逝，此後德國在年輕氣盛的皇帝威廉二世（Wilhelm II von Deutschland, 1859-1941）的帶領下，要求重新劃分世界殖民地，漸漸走向瘋狂的爭霸之路，幾次在非洲挑事，直接和英法起了衝突。

早在一八七九年，俾斯麥就促成了德國和奧匈帝國之間的同盟，這是個防禦性的盟約，俾斯麥的目的還是針對法國潛在的報復，所以拉奧匈帝國入夥壯膽。一八八二年，義大利也加入該同盟，目的還是防禦，保護義大利抵禦法國的潛在威脅。

三國同盟兩側的法國和俄國感受到了威脅，兩國在一八九四年締結了同盟，到了一九〇七年，兩國成功地拉英國入夥，組成了三國協約。三國協約的目的本來也不是要進攻別國，而是對彼此的殖民地達成協議，英國和法國各自承認對方在非洲的殖民地，英國和俄國各自承認對方在波斯的勢力範圍。

可是如此一來，所有的歐洲強國都站隊了，分成了兩大敵對的陣營。每當歐洲發生重大爭端時，兩個陣營中的成員即使不情願，也不得不支持和爭端有關的盟友，否則陣營就將解體，本國將被孤立。於是歐洲上空的陰雲越來越重，預示著一場史無前例的大風暴將要到來。

一九一四年六月二十八日，一道閃電劃破了歐洲上空，奧匈帝國皇儲在塞爾維亞（Serbia）被暗殺，奧匈帝國隨即對塞爾維亞宣戰。根據同盟關係，塞爾維亞背後是俄國，俄國背後是英國和法國；而在奧匈帝國身後的，是德國和義大利（後來反水倒戈）。歐洲各國的火藥庫相繼點燃，而歐洲各國的文明之燈依次熄滅，第一次世界大戰爆發了。

就為了幾塊沒什麼賺頭的殖民地「骨頭」，歐洲最凶惡的幾條「大狗」咬了起來，這一咬就是四年。大戰過後，各國經濟一片狼藉，它們在世界各地的殖民地的獨立浪潮也風起雲湧。

殖民地多了，真挺累的

一戰前的德國處處與英國和法國叫板，爭搶殖民地。其實如果德國能夠靜下心來，看看大英帝國當時對殖民地的政策，也許就不會鑽牛角尖，弄得國破家亡的下場了。

鼎盛時期的大英帝國，如果把殖民地的土地也算在內的話，超過了古往今來任何一個帝國的疆域。但就在趾高氣揚的英國人為帝國的輝煌彈冠相慶的時候，殖民地這種經濟模式卻彷彿在一瞬間從巔峰跌入了谷底。

首先是北美殖民地獨立，本書第八篇有專門介紹，此處不再贅述。大英帝國剛剛打遍天下無敵手，就後院起火，損失了最重要的一塊殖民地，一時之間，被英國打敗的歐洲列強都在看英國的笑話，當時許多人都煞有其事地預言，英國馬上也會步西班牙、荷蘭的後塵，就此衰落。沒有了殖民地，英國人還怎麼玩？

英國人玩得好著呢！北美的戰事平息後不久，英國與美國的跨洋貿易就重新開展起來，僅僅幾年的工夫，英國對美國的貿易量就超過了以往的最高水準，而且英國還甩掉了對殖民地行政管理、軍事開支的費用。不聽話的「殖民地」竟然比聽話的殖民地還賺錢！當年支持對北美殖民地徵稅的英國議員們猛醒了，原來對於國家的經濟來說，殖民地並不是必需的，自由貿易才是最核心的。

英國的經濟學之父亞當・斯密（Adam Smith, 1723-1790）在當時英國思想界的地位崇高，相當於孔子在古代中國的地位。以至於國會議員在辯論的時候，只要說，我剛才講的那句話出自亞當・斯密的《國富論》（*The Wealth of Nations*），對方辯友立刻就閉嘴了。就如同中國人說「子曾經曰過」，對方辯友立刻恭敬作揖一樣。這位英國的斯密「子就曾經曰過」，殖民地是一個代價昂貴的負擔。

鴉片戰爭時在任的英國首相巴麥尊（Henry John Temple Palmerston, 1784-1865）也是個不喜歡殖民地的人，他曾經拒絕在非洲的阿比西尼亞（Abyssinia，為「衣索比亞」舊稱）建立英國的殖民地，並公開表示，英國人需要的是貿易，土地對於貿易並不是必需的。當法國拿破崙三世和英國商量共同瓜分埃及的時候，這位首相也明確表示：「我們並不想要埃及，就像一個腦子正常的人，並不希望擁有沿途客棧一樣。他所要的只不過是這些客棧對他開放，當他來到時，客棧會向他提供羊排晚餐和驛馬，如此而已。」

思想界和政界都是這樣的態度，英國從上到下很快對占領更多殖民地沒了興趣。中國的史書上總是把第一次鴉片戰爭作為本國近代屈辱史的開端，割地和賠款最讓清朝人憤慨。但看到斯密和巴麥尊的言論，我們就不難理解英國對清朝發動戰爭的本意，是試圖令中國實現他們所希望的自由貿易。從侵占殖民地的角度看，英國對中國遼闊的土地還真沒太大的興趣，僅僅根據條約割走了面積不大的香港地區，作為貿易的中轉站而已。

但在弱肉強食的十九世紀，許多國家並不像英國人那麼「腦子正常」，不僅頭腦發熱的德國念念不忘搶奪殖民地，俄國、日本在面對當時的清朝等弱國的時候，都把掠奪土地作為第一目標。但結果呢？俄國、日本這兩個國家只是外表強悍，軍事上的節節勝利無法掩飾本國經濟的孱弱不堪，最終在軍事上也折戟沉沙。反觀丟掉北美殖民地、對全世界其他地方的殖民地也不再「感冒（中國大陸用語，表示對某人或某物感興趣、喜歡、欣賞之意）」的大英帝國，卻能把日不落帝國的榮耀一直延續到二十世紀初。

「殖民主義害死人吶！」——德皇威廉二世絕筆。

第十二篇

兩個凱恩斯劣徒點爆全球

「我們唯一該恐懼的，是恐懼本身。」

一九三二年，躊躇滿志的美國新當選總統富蘭克林・羅斯福坐在廣大選民的面前，發表著他的第一任就職演說。因為患脊髓灰質炎導致下身癱瘓，羅斯福沒辦法站立著慶祝自己的第一次當選。

口號不過是口號，它能讓大家像打了雞血似的一個小時不知道餓，但不可能真當飯吃，讓大家一個星期都不餓。既然當時羅斯福面臨的是美國歷史上最嚴重的經濟大蕭條局面，他就不能「坐著說話不腰疼」，總得就經濟問題來點兒實在的東西。

「我向你們，也向我自己起誓，要為美國民眾實施新政。」

新政神話的破滅

新官上任三把火，在羅斯福執政的頭三個月裡，他把一份《救濟法案》（*Federal Emergency Relief Act*）拋給了國會。根據這個法案，聯邦政府要刺激工業的復蘇，幫助大蕭條中陷入困境的個人，設置最低生活標準，努力避免危機的再次發生。

這些點子並不算什麼奇思妙想，為什麼羅斯福的前任胡佛（Herbert Clark Hoover, 1874-1964）總統不做呢？因為胡佛堅持認為，聯邦政府的權限只限於救助那些大的金融機構，至於企業和個人，那是各州政府的事情，聯邦政府如果插手，一方面有越權干涉州政的嫌疑，另一方面在大蕭條下，聯邦政府也拿不出錢來搞大規模救濟。

羅斯福可不像胡佛那樣縮手縮腳，他就職後五天，國會就通過了提案，授予他權力，可以直接印刷美元紙幣，送往各個銀行，由美聯儲回購黃金，維持美元幣值穩定。有了這個權力，羅斯福新政的第一招出手了——狂印鈔票。

當天晚上，聯邦政府的印鈔機就開動了，連夜印刷了二十億美元，並在第二天用飛機運往全國各地的銀行。然後，聯邦政府連哄帶騙，要求美國民眾把手中的黃金拿出來，然後再用這些黃金作為準備金，發行了更多的紙幣。

手裡有了錢，哪怕僅僅是紙幣，羅斯福也可以大展宏圖了。他首先把鈔票撒向即將破產的銀行、鐵路和其他大機構，給它們提供貸款，甚至直接向工業投資，刺激工業生產。然後，鈔票又撒向了農民，經營陷入困境的農民可以獲得貸款，即使是破產的農民也可以先貸款，他們贖回農場後先繼續經營，再考慮還貸款。

羅斯福新政取得了立竿見影的效果，一九三四年，也就是新政開始的第二年，不考慮通貨膨脹等因素，美國GDP為六百六十億美元，是連續四年下滑後的首次增長。美國GDP較上一年增長了百分之十七，個人可支配收入增長了百分之十五。

羅斯福新政樹立了政府直接干預和插手經濟，甚至直接投資於各行各業的範例。在政府自我宣傳和某些數據支持下，新政的神話誕生了，從那以後，許多人會把「市場失靈」掛在嘴邊，宣稱單靠市場這隻「看不見的手」無法解決經濟危機，必須依靠政府這隻「看得見的手」。

新政到底管不管用，羅斯福用數據說話，我們也用數據說話。

先讓我們來看看失業問題。羅斯福上臺之初，就大肆進行政府投資和啟動各種大專案，希望以此來吸納失業人員。一九三三年他在任的第一年，美國失業率是百分之二十五；兩年之後，失業率依然在百分之二十以上。此後雖然一度下降到百分之十五，但一九三八年失業率又上升到百分之十九。儘管新政年年有新舉措，但截至一九三九年，美國仍然有九百五十萬人沒有工作，失業率百分之十七以上。而在二十世紀二〇年代，美國的失業率基本上在百分之三左右。

新政並沒有真正解決失業問題。六年的新政，失業率僅僅從百分之二十五下降到百分之十七。但這樣「成績」的取得，付出了多大的代價呢？從一九三三年到一九四〇年，美國聯邦政府的財政支出近六百億元，其中有兩百五十多億元是財政赤字，也就是用印鈔票解決的。

就算是聯邦政府手中的「真金白銀」，很大程度上也是靠高稅收積累起來的。一九二九年，美國的最高個人所得稅稅率是百分之二十四，一九三五年則提高到令人瞠目結舌的百分之七十九！也就是說，如果你是一個高收入的人士，你每賺一萬塊錢，政府就要從中拿走近八千塊錢，只給你留下兩千塊錢。

更嚴重的問題是，高收入、高資產的群體正是社會上個人辦企業、搞投資的中堅力量，當他們的收入都被政府抽稅抽走了的時候，他們就沒有錢去辦企業吸收失業者，搞投資發展經濟了。雖然羅斯福的政府提供了大量的政府就業，號稱創造了五百萬個就業崗位，可是高稅收打擊了個人投資，減少了個人企業的雇員和潛在雇員，此消彼長之下，美國失業率依然居高不下。

為了讓大家都有口飯吃，新政制定了最低工資標準，明確要求企業雇員時的工資不能低於該標準。這個標準定得讓工人們很開心，似乎是好事情。可是在稅收沉重、經濟低迷的現狀下，許多企業主根本無力按照最低工資標準支付薪水，於是他們通過減少工作崗位甚至關門歇業來避免損失。羅斯福政府的「好政策」帶來了壞結果，最低工資看上去很美，可是對於大量下崗者來說，只是井中月、水中花。整個社會不僅失業率沒下降，經濟還越來越蕭條了。

怎麼解釋一九三四年新政製造的漂亮數據呢？在大蕭條時期，英國經濟學家凱恩斯提出，為了振興世界經濟，政府必須行動起來，甚至親自牽頭和出錢，開展修公路、修水壩等大型項目。根據經濟學的估算，每一美元投入到社會上，就會帶來五美元左右的產值，在經濟處於低谷的時期，政府如果能適時地用資金和項目提供更多的就業機會，經濟狀況將逐漸好轉。

凱恩斯甚至還開玩笑地說：「政府可以今天雇一批人，發錢讓他們挖一些大坑；第二天政府再雇一批人，發錢讓他們把大坑填上。」這樣，就業機會有了，人們手頭上也有了錢，經濟連鎖反應將讓各行各業都有收益。

正是凱恩斯這句流傳甚廣的玩笑話誤導了人們，使人們以為只要發票子、上項目就能促進經濟的發展。凱恩斯本人是不會如此簡單地理解經濟的，他當年開出經濟「藥方」也是針對國家經濟危局使用的非常手段。當時各國政府對經濟危機十分恐懼，不敢花錢上項目，而凱恩斯的建議讓政府把「死錢」變成了「活錢」，振興瀕臨崩潰的經濟。

羅斯福的新政其實是把凱恩斯對付危機的強心劑當成了靈丹妙藥來吃。印鈔票、上項目的確可以促進GDP的數據上升。比如某個城市去年總投資額是五百億元，今年突然猛增到三千億元，到年底一算賬，今年的GDP自然會比去年大幅度提高。羅斯福靠著印鈔票、高稅收得來的大量真錢假錢搞政府投資，當然會在一時之間讓GDP的數據變得很性感，感性的民眾們也會一時之間對他感恩戴德。

但鈔票印得多了，就該惡性通貨膨脹了；收稅收得過重，企業和個人就民不聊生了。更不必說政府工作人員拿老百姓的錢直接投資經濟，所謂兒花爺錢不心疼，各種項目的收益率難敵個人投資，甚至還會賠本。此外，政府直接投資還容易滋生腐敗。所以新政風光了兩三年後就陷入低谷，這是經濟規律決定的，是不以人的意志為轉移的，哪怕你是身殘志堅的總統也不能逆天。

一九三七年到一九三八年，美國再次出現經濟蕭條，新政失靈了，羅斯福沒轍了。民眾們別哭泣，羅斯福還在那裡，他當年說的那些話，都只表現了他的勇氣。春天刮著風，秋天下著雨，春風秋雨，多少海誓山盟隨風而去……

希特勒高舉凱恩斯大旗

後世談到羅斯福的新政時，經常說那是凱恩斯主義的成功案例。成功不成功，前面我們已經有定論了，至於新政和凱恩斯的經濟學到底有多大關聯，則是仁者見仁，智者見智。不過，羅斯福和凱恩斯彼此卻並不「感冒」。一九三四年，由於新政而名聲大噪的政治家羅斯福和經濟學家凱恩斯見了一次面。結果羅斯福評價凱恩斯「更像一位數學家而不是經濟學家」，凱恩斯對羅斯福的評價則是「本以為總統在經濟學方面會懂得更多一些」。凱恩斯的話外音是，總統先生的經濟學水平，和路邊擺攤賣茶葉蛋的大媽可能在一個檔次。

說羅斯福在經濟學上是凱恩斯的學生，羅斯福不幹，凱恩斯更不幹。

令凱恩斯意想不到的是，歐洲大陸竟然有個人對他的理論非常感興趣，這個人就是後來震驚世界的希特勒（Adolf Hitler, 1889-1945）。早在一九三二年，希特勒的經濟顧問就把凱恩斯的那本《就業、利息和貨幣通論》拿給他，兩人對這本著作進行了熱烈的討論，並且認為在理論上，凱恩斯和他們是一路人，德國應該採取政府干涉經濟的方式洗刷恥辱，重振經濟。

當時德國的經濟已經崩潰了。第一次世界大戰結束後，以法國為首的一批戰勝國打算「讓德國賠償一切」，但德國的家底已經全打光了，拿什麼賠償？有意或是無意之間，德國想方設法拖延和拒付賠款。一戰中損失最大的法國怒了，不管德國能不能賠，出兵十萬占領了德國的魯爾地區（Metropolregion Ruhr），一個煤炭和鋼鐵產量占德國百分之八十的工業重地。

士可殺不可辱，法國的蠻橫舉動激起了德國人的同仇敵愾，被占領區的官員拒絕執行法國的一切命令，所有企業都加入罷工的行列，所有民眾拒絕納稅，而德國政府則開動印鈔機，給占領區的居民發鈔票，補貼度日，並且宣布，只要對德國的暴力侵犯沒有消除，德國就不會賠一個子兒給入侵國。

法國這次出兵不僅什麼都沒撈到，還浪費了大量的軍費。在英國和美國的調停下，法國只能悻悻地退兵了。這一事件讓列強意識到，要讓德國賠點錢，首先得讓德國經濟復蘇。於是接下來就發生了古怪的一幕，各國紛紛給德國提供貸款，從一九二四年到一九二九年，德國總計從英國和美國獲得了三百二十六億金馬克的貸款，其中一百零八億屬於長期貸款。而同一時期，德國給戰勝國的賠款則只有一百一十億金馬克。一進一出，德國境內的資金還增加了。

在大量貸款的刺激下，原本工業底蘊就很強的德國經濟開始狂飆突進，一九二五年，德國的工業產值再度超過英國，至於那個討厭的鄰居法國，則只有德國工業產值的一半。照這個趨勢，德國要付清賠款並不困難。一旦德國付清賠款，大家井水不犯河水，過各自的小日子，天下也就太平無事了。

天有不測風雲，一九二九年從美國開始的經濟大蕭條迅速席捲全球。大蕭條對德國經濟的一個衝擊，就是不僅來自美國的貸款沒有了，而且美國投資者還從德國抽走大量資金去救後院的火。資金是經濟的血液，血流斷了，經濟還怎麼活？資金突然斷流令德國陷入困境，一九三三年，德國失業者達到了六百萬人，占總勞動力的四分之一，許多中產階級也步入了貧困的隊伍中。

誰能在政治上對外廢除不平等條約，對內給大家一口飯吃，不論他說的是大話、空話、假話、瘋話還是實話，德國民眾都願意賭一次，把選票投給他。於是，一個叫希特勒的小個子強人上臺了，把他推上元首地位的不僅是煽動性的演講和血腥的陰謀，還有德國那崩潰的經濟狀況。

上臺後的希特勒毫不猶豫地高舉起凱恩斯的大旗，當時的德國放棄了金本位制，大量印刷鈔票，著手興建像高速公路這樣的大型公共工程，擴軍備戰，擴張軍需工廠的生產能力，讓德國經濟在政府直接投資和軍需生產的道路上暴走。

希特勒的德國願意把凱恩斯的理論「發揚光大」，還與凱恩斯對當時德國不幸遭遇的同情有關。在二十世紀二〇年代，歐洲戰勝國要讓德國賠償一切的大環境下，凱恩斯卻站出來說：「使德國在整整一個世代內處於受奴役地位，剝奪整個國家民族的幸福，是非常惹人厭的。」凱恩斯還如同先知一般預言，讓德國承擔超出其經濟能力的戰爭賠款，將給下一次大戰埋下種子。

這些雪中送炭的言論令處於悲憤中的德國人非常感激凱恩斯，他的著作被翻譯成德文，德國大學邀請他去講學，他的演講在德國引起了極大的轟動。在當時的德國，學者們言必稱凱恩斯。

羅斯福的新政和凱恩斯的理論貌合神離，那麼希特勒是否理解對了呢？也沒有，希特勒和羅斯福的經濟刺激計劃如出一轍，只是狂人希特勒更進一步，用規模龐大的軍需生產來消化國內的失業人口，並為打大戰做準備。如果單看失業率，希特勒的德國簡直是當時世界的楷模，到一九三八年年底，全德國失業人口幾近為零。

而到了下一年，德國的工作崗位比勞動力還要多，但那絕對不是大眾的福音。一九三九年九月一日，德國軍隊閃擊波蘭，第二次世界大戰爆發了。

美國金雨澆灌納粹惡根

戰爭狂人希特勒固然是二戰爆發的第一罪魁，但羅斯福就沒有責任嗎？前面已經談到，早在二十世紀二〇年代，美國投資者就把大量的貸款投入到了德國，在幫助德國經濟復蘇的同時，這些投資者也獲取了投資收益。可一九二九年經濟危機爆發後，美資一度撤出了德國，使德國經濟走向了崩潰的邊緣。

但資本永遠是逐利的，只要有利可圖，資本還會再回來。在德國經濟走向深淵的時刻，一部分美國資本又再次回流，抄底德國的實業界。美國資本集中投資在德國當年優勢的電力、鋼鐵、化工等大工業上，結果使德國工業迅速地卡特爾化，形成了行業壟斷組織。相反，德國的中小企業則無力抵抗被美國資本武裝起來的卡特爾的衝擊，紛紛破產，大批勞動者成為失業一族，他們成為狂人希特勒選票的重要來源。

希特勒上臺後，把卡特爾這種經濟組織繼續「發揚光大」，用鉅額的政府訂單和軍隊訂單來餵養這些壟斷企業，使得這些企業既能幫政府辦事，又能聽政府的話。面對希特勒的反猶太人主張和擴軍備戰的猖狂意圖，世界上的有識之士看得明白，也反對得很堅決。現在，就看羅斯福的美國的態度了。如果此時美國反對甚至制裁納粹德國，就算希特勒有再大的野心，也掀不起多大的浪花。

一九三三年，希特勒的經濟智囊沙赫特（Hjalmar Horace Greeley Schacht, 1877-1970）訪問美國，希望美國同意德國推遲支付欠美國的銀行貸款。此時羅斯福剛上臺，美國經濟也不好過，美國政府會冒天下之大不韙，答應德國要求，捨己救人？

令人大跌眼鏡的是，美國一口答應了德國的請求。羅斯福主要是從美國經濟的角度考慮的，許多美國資本已經投入了德國，此時與德國翻臉，這些投資也許會打水漂；另外，德國顯然要大量採購軍需品，美國質量上乘的軍火令德國垂涎。如果能夠賣些軍火給德國，美國的日子也能好過一些。至於德國人怎麼使用這些軍火，羅斯福不太在意，只要不是對付美國就行。（話外音：那些軍火真的不會用來對付美國嗎？）

就這樣，德國不僅獲得了美國的貸款，還用這些貸款採購美國的軍火。從一九三三年希特勒上臺到一九三九年戰爭爆發前的六年中，德國拋給了美國大量的戰略原料和軍工產品訂單，讓被經濟搞得焦頭爛額的羅斯福喘了口氣。然而這麼做的後果有多嚴重呢？

讓我們來看看納粹德國從美國得到了些什麼技術：氯丁橡膠和飛機防爆劑的技術從杜邦（DuPont）公司購得；坦克潤滑油的技術是從美孚石油（Mobil）公司得到的；美孚在德國設立的

一家飛機專用汽油廠給了德國空軍巨大的幫助；德國新型飛機的研製獲得了美國電話電報公司的支持……

在美國金雨的澆灌下，納粹的惡根開始破土而出。希特勒恢復了德國的普遍兵役制，擴充軍隊；撕毀《凡爾賽和約》，不僅奪回了被侵占的萊茵地區，還攻入了捷克斯洛伐克和奧地利。全世界的列強都在譴責德國，但誰都不動手懲罰德國，因為世界的老大、羅斯福的美國也只是「君子動口不動手」，一邊譴責德國的窮兵黷武，一邊接下德國的軍火訂單。

而德國的經濟也正在走上不歸路，龐大的政府投資和軍事訂單都要花錢，希特勒要弄到錢，只有幾條路可走：要麼多收稅，要麼壓低卡特爾組織的工人工資，要麼印鈔票，這些招數希特勒一樣不少地採用了。

從長期看，讓廣大民眾忍受低工資，勒緊腰帶發展生產，本來就違背了凱恩斯的經濟主張。凱恩斯強調從需求的角度解決經濟問題，適度的政府項目是為了讓人們有工作，更是為了讓人們有錢花，滿足他們的需求，讓錢流動起來，緩解大蕭條帶來的市場資金匱乏的問題。

雖然希特勒高舉凱恩斯的大旗，但只是扯虎皮拉大旗，標榜一下自己德國特色的納粹主義是有理論依據的，凱恩斯不會承認希特勒是自己的好學生。

德國的戰鬥機數量已經超過了英法兩國的總和。德國的大規模軍備計劃要想贏利，只有對外作戰搶劫別國財富這一條路，這其實就是本書第七篇談到的拿破崙·波拿巴的贏利模式。希特勒的經濟智囊沙赫特就曾經警告希特勒，德國經濟要想避免崩潰，就必須放慢軍備計劃。但希特勒要走的就是戰爭這條路，根本聽不進去，並用納粹黨羽赫爾曼・戈林（Hermann Göring, 1893-1946）替換了這位經濟智囊的職位。

「這不是和平，這是二十年的休戰期。」在一戰最後階段，法國福煦元帥（Ferdinand Foch, 1851-1929）指揮協約國聯軍取得了最後的勝利，當和平來臨時，元帥隨口一說。不料一語成讖，歷史走到了一九三九年九月一日，德軍向東對波蘭實施閃電戰，第二次世界大戰正式爆發了。

沒有帶頭大哥的世界

如果把一次破壞力巨大的戰爭的爆發僅僅歸結於羅斯福的縱容、希特勒的瘋狂，我們就很容易忽略引起戰爭的深層次經濟問題——二戰前的世界經濟格局和一戰前的世界經濟格局完全不同。

從國際貿易上看，一戰前雖然也時常有關稅戰爆發，但總的來看各國之間的貿易在不斷增長，關稅稅率是較低的，我們在上一篇談到，一戰爆發與錢無關，是列強為了殖民地打了一場非理性的賠本戰爭。

二戰爆發就與錢有關了。在二戰前，一九二九年國際貿易總額有近七百億美元，大蕭條開始後，一年時間，國際貿易就下降到五百五十億美元，到一九三三年，國際貿易總額只有兩百四十億美元左右了。大蕭條期間，世界各國日子都不好過，大家已經進入到不管別國死活的癲狂狀態，完全不與別國商量，就強行抬高關稅，增設貿易壁壘，希望以此平衡本國財政收支。但這樣一來，關稅戰、貿易戰就全面爆發了，導致貿易額下降，各國從關稅中獲得的收入也降低了。

在一戰前，英國是當時世界上的經濟中心，雖然美國的經濟總量已經超越了英國，但是在金融等方面，還是英鎊說了算的時代，至少百分之三十以上的國際貿易都用英鎊結算，而英鎊是與黃金掛鉤的，實行金本位制。有了堅實的英鎊幣值為基礎，世界經濟才順利地運轉著。就算經濟總量已經不是老大，英國依然是當時世界的帶頭大哥。

可是一戰結束後的一九一九年，英國經濟因為戰爭消耗而不堪重負，連帶著英鎊匯率暴跌百分之七十八，英國正式宣布退出金本位制。維持世界經濟的擎天立柱猛然被撤掉了，法國、義大利等國立刻跟隨，也宣布退出金本位制。

在此危急時刻，如果世界經濟新貴美國能夠揮舞著星條旗和綠票子，登高一呼「二師弟、三師弟，隨我去救師父」，全球經濟的亂局還是有可能斬妖除魔，重回西天取經的正軌的。以當時美國的經濟實力，用穩定的美元幣值為基礎，建立一個新的世界經濟體系，是可以做到的。

偏偏美國當時雖然有了領袖全球的能力，卻沒有領袖全球的氣魄，一戰後美國總統威爾遜（Thomas Woodrow Wilson, 1856-1924）一直鼓吹建立一種公平、持久、和平的世界新秩序，他提出成立國際聯盟，解決國際糾紛。然而美國民眾早就厭煩了本國捲入各大洲爭端的政策，覺得太勞民傷財了，不僅國會不答應威爾遜成立國際聯盟的提議，美國老百姓也用選票在一九二〇年的大選中把威爾遜總統拉下馬。從此之後很多年，美國人傾向於關起門來過日子，不答理其他各大洲的兄弟們，不願意擔當世界帶頭大哥的角色，任由國際經濟亂作一團，自己袖手旁觀。

更糟糕的是，羅斯福新政開始時大印鈔票，美元迅速貶值，衝擊了世界金融市場，把本來就處於亂局的全球經濟攪得更亂了。

金本位在解體，昔日的世界貨幣英鎊衰落，而美元卻沒有取而代之，各國貿易壁壘高築，各家各掃門前雪，世界經濟不僅沒有在增長，反而停滯不前甚至倒退。各國貧富差距懸殊，底層人掙扎在生存線，中產階級也淪落到為衣食住行擔憂的境地。這樣的經濟大背景下，當時許多國家走向極端封閉和窮兵黷武，並不僅僅是少數狂人煽動的結果。

既然戰事已起，世界經濟未來怎麼辦，就等打完了再說吧。

第十三篇

在布雷頓森林裡紙醉金迷

一九四四年六月，盟軍大舉登陸諾曼第（Normandie），與歐洲戰場東線的蘇聯兩線夾擊納粹德國，戰局終於開始明朗，希特勒的末日已經近了。

正如我們上一篇結尾所說，戰爭真正的起因不能僅僅歸結為希特勒，如果不能從世界經濟體系上做一個深刻的變革，下一個希特勒還會橫空出世，所謂的戰後和平將依然只是未來大戰之前的「休戰期」。

殘酷的大戰打醒了全世界。諾曼地登陸一個月後，在美國的倡議下，來自四十四個盟國的七百三十多名代表聚集在美國新罕布夏州（New Hampshire）布雷頓森林鎮（Bretton Woods），共商未來世界的經濟新格局。之所以選擇這個環境優美的小鎮，據說是因為美國當時的財長小亨利・摩根索（Henry Morgenthau, Jr., 1891-1967）擁有召開會議酒店的百分之五十的股份。

此話怎講？題外話，隨你怎麼想。

美元成了世界Q幣

從經濟上講，這場已經打了五年的戰爭沒有贏家。德國、日本和義大利即將成為戰敗國，法國曾經淪陷，英國被轟炸成廢墟，蘇聯焦土作戰，中國的戰爭其實從一九三七年的七七事變甚至更早的九・一八事變就已經開始了。

相對而言，世界各大國中只有美國日子過得還不錯，在一九四一年十二月日本偷襲珍珠港之前，美國保持中立，通過供給各參戰國物資大發戰爭財，羅斯福新政後期低迷的經濟一舉翻了過去，失業率降到微不足道的程度，工廠加班加點開工生產。實話實說，美國的經濟大蕭條不是被羅斯福終結的，而是被二戰爆發終結的。

於是到了一九四四年的時候，本來就是世界經濟頭名的美國地位更加鞏固，成為實至名歸的經濟霸主。因此在布雷頓森林鎮召開的這次會議，基本上是一次美國人說了算的會議。

代表英國出席會議的經濟學家凱恩斯曾提出設立世界銀行，各國貨幣恢復多邊結算的方案，貨幣的標價參考二戰前三年世界進出口貿易的情況設定。至於過去金本位體制下的黃金，凱恩斯認為那是「野蠻的殘餘」，沒必要再用黃金做貨幣，弄個新的世界貨幣「班科（Bancor）」替代它，各國的所有貨幣包括黃金白銀都和這個世界貨幣兌換。

凱恩斯之心，路人皆知！解讀一下他的心思：二戰前英國在世界進出口貿易中狀況還不錯，因此根據戰前的情況來給英鎊定價；戰爭打下來，英國黃金儲備基本花光，所以應該取消黃金的貨幣資格。

想得好美，你當美國人是傻瓜嗎？這個凱恩斯計劃拿到美國人那裡，立刻被一口否決。這場戰爭打下來，英國已經沒有家底了，經濟實力嚴重受損，竟然還想恢復戰前的金融地位？開玩笑。

美國人針鋒相對地提出了懷特計劃（The White Plan）。在這個以財長助理懷特（Harry Dexter White, 1892-1948）命名的計劃中，首先，各國貨幣不要那麼麻煩地互相結算了，大家統一與美元結算好了（只有美國「出產」美元）；其次，世界金融體系要恢復金本位（美國的黃金儲備最多嘛）；最後，美元與黃金掛鈎，三十五美元等價於一盎司黃金（諸位可以把美元看成黃金）。

實力決定一切。你凱恩斯的名氣再大，談論經濟問題再巧舌如簧，英國的衰落已經是不爭的事實。最終，與會各國只能接受懷特計劃，畢竟要最後打贏戰爭和未來的戰後重建，都要靠財大氣粗的美國佬。

影響此後世界經濟幾十年的布雷頓森林體系（Bretton Woods system）誕生了，在這個變相的金本位體系下，美元是國際上唯一的通行貨幣，各國的貨幣都成了美元的附庸，各自與美元結算，雖然名義上各國貨幣也可以用黃金兌換，但只能在一定條件下從美國兌換。

布雷頓森林體系雖然在美國以外的國家看來屬於「霸王條款」，但它總算結束了二戰前各國自掃門前雪，不顧他國死活的金融混亂狀態。美國也終於承擔起了帶頭大哥的責任，通過貸款、援助等方式，把美元撒向全球，增加了世界範圍內的流通貨幣量。而且由於美元是西方國家和許多發展中國家單一的國際結算貨幣，促進了二戰後世界貿易的快速增長，世界經濟很快出現了比一戰前還要繁榮的新景象。

最大的受益國當然是美國。體系規定三十五美元兌換一盎司黃金，但同時規定美國可以用一美元價值的黃金作為準備金，發行四美元的紙幣。只要世界各國承認美元的價值，美國就等於擁有了煉金術，在不動用黃金儲備的情況下，通過發行美元來購買其他國家的資產，大發橫財。二戰後美國也一直是這麼幹的。

所以從網路時代的角度觀察，布雷頓森林體系中的黃金就類似於實際的錢，而美元相當於網路遊戲中的虛擬貨幣，比如Q幣，各國通過兌換美元Q幣，來參與國際貿易的大遊戲，購買自己需要的「道具」和「裝備」。

黃金總庫暴走江湖

我們該冷靜一些了，Q幣只是虛擬貨幣，美元也只是紙鈔，都不是貨真價實的東西，世界經濟體系還是建立在各國的黃金儲備的基礎上的。

因此，如果說布雷頓森林體系有什麼弱點的話，那就是黃金儲備。二戰結束後，美國黃金儲備以美元計算，達到了兩百億美元，約占全世界官方黃金儲備總量的百分之六十。到一九五七年時，美國黃金儲備已經占到了全世界儲備總量的百分之七十五。有了堅實的黃金墊腳，美元像巨人一樣穩穩地屹立在外匯市場上。

然而隨著世界各國逐漸恢復元氣，大家隱隱覺得，手裡只拿著一沓沓的美元Q幣，心裡總覺得不踏實。還是黃金沉甸甸的，給人以安全感。發行美元Q幣的人說一個Q幣值一塊錢，它就真的值一塊錢嗎？

未必。實際上，三十五美元兌換一盎司黃金，這是一九三四年的事情了，到二戰後，美元相對於黃金已經貶值了，但布雷頓森林體系中的「霸王條款」還是按照這個兌換率來規定，明顯高估了美元幣值。

既然美元相對於黃金被高估了，各國開始不約而同地、有計劃地建立自己的黃金儲備，拿手中的美元從美國那裡購買黃金。美國的黃金儲備開始流失，這令美國很生氣，因為名義上，黃金減少，意味著美國可以印刷的美元就減少了。因此，那些拿著美元不兌換黃金的國家，是美國的朋友，而那些兌換黃金的國家，不是美國的朋友。

除了各國央行利用官方的黃金市場吸收黃金外，民間也出現了黃金市場。美國和英國作為布雷頓森林體系的打造國，兩國政府禁止民眾買賣黃金，目的是穩定黃金儲備。

經濟領域一個頗有諷刺意味的現象是，凡是官方禁止的生意，一定是有利可圖的生意，其中的差價和利潤之高，必然會吸引人冒險一試。

美國曾經頒布禁酒令，禁止民眾製造、販售、飲用酒類飲料，結果和酒有關的生意變得有利可圖，美國許多黑幫就是在禁酒令期間崛起並積累了自己的資本金的。黃金也一樣，禁止民間買賣黃金，就等於是「此地無銀三百兩」，告訴民眾這裡面有賺頭。當民眾發現美國可能難以像它承諾的那樣自由兌換黃金時，民眾們就開始想方設法從民間黃金市場上購買黃金，拋出美元，結果民間黃金市場異常活躍。

整個二十世紀五〇年代，由於美國對外援助項目導致貿易赤字，加上政治上與前蘇聯搞冷戰，美元購買力持續下降，人們對美元的信心一步步走低，美國的黃金儲備量出現逆轉，跟著開始下滑。到一九六〇年年底前，美國黃金儲備從最高峰價值約兩百五十億美元降到不足一百八十億美元。

奔騰流走的黃金和洶湧回流的美元，讓美國總統甘乃迪（John Fitzgerald Kennedy, 1917-1963）如坐針氈。一九六一年二月，他突然高調宣布，美國將承諾維持官方的黃金價格不變。總統的承諾給市場上注入了一針強心劑，黃金市場上美元走高，金價重回三十五美元一盎司。

「狼來了」只能喊一次兩次，喊多了就沒人信了。總統的承諾不是真金白銀，要避免布雷頓森林體系崩潰，還是需要拿出真金白銀的。

一九六一年年初，由美國牽頭，聯合英國、德國、法國、義大利、瑞士、荷蘭、比利時歐洲七國，拿出總計二億七千萬美元的黃金儲備，建立了一個「黃金總庫」。這個總庫的任務只有一個：穩定市場上的黃金價格。只要市場上黃金需求量增加，黃金價格相對於美元開始上漲時，黃金總庫就拋出一部分黃金，打壓黃金價格；反之，如果黃金價格走低時，黃金總庫也可以吃進黃金，補充和擴充庫存。黃金總庫等於是給布雷頓森林體系安上了保險絲，一旦黃金價格不穩，保險絲「燒斷」，立刻投放黃金到市場上，保護整個體系的安全。

真正給布雷頓森林體系造成麻煩的是，美元實際上已經貶值了，所以從經濟學上來說，正確的做法應該是調整美元兌換黃金的比率，讓美元貶值。但是美國不願意讓自己的「財富」貶值，於是決定霸王硬上弓，用巨大的黃金庫存壓向市場，與趨勢頂著幹。

一九六一年十一月是黃金總庫殺入市場的第一個月，總計售出了一千七百四十萬美元的黃金，基本上遏制住了黃金價格的上漲。但是，售出了一部分黃金，黃金總庫裡就少了一部分，它的威力就減少一些。它能和市場抗衡多久呢？

前蘇聯黃金救援美國

說時遲，那時快，一個巨大的身影攜帶著大量黃金衝入了世界黃金市場，給了黃金總庫強有力的支援。西方國家手搭涼棚定睛一看，來者不是旁人，竟是與美國不共戴天的另一超級大國——前蘇聯。

一九六二年的春天，前蘇聯大量出售黃金，國際市場上金價大跌，黃金總庫得此良機，趕緊補倉，到了年中的時候，黃金總庫居然有了八千萬美元的盈餘！可惜好景不長，美國股市遭遇暴跌，激發了人們購買黃金的欲望，黃金價格上竄，黃金總庫全力打壓，盈餘又全都吐了出去。偏偏這時候又爆發了著名的古巴導彈危機，前蘇聯和美國在古巴劍拔弩張，國際局勢的動蕩再次衝擊了黃金市場。搞笑的是，在危機那幾天，前蘇聯竟然一直在銷售黃金。而且古巴導彈危機結束後，前蘇聯的黃金仍然源源不斷地流入市場。黃金總庫原本有八千萬美元的虧空，很快由於前蘇聯的黃金湧入市場而得到了補充。

第二年，前蘇聯農業大規模減產，為了應對糧食不足，前蘇聯很快從加拿大等糧食出口國收購大量的小麥，用於支付貨款的是黃燦燦的金子。僅當年第四季度，前蘇聯就有四億七千萬美元的黃金幾經周轉，流入了黃金總庫裡。到了一九六四年，黃金總庫裡的黃金儲備竟然高達十三億美元。

當時正值冷戰時期，以美國為首的北約（北大西洋公約組織，North Atlantic Treaty Organization，簡稱NATO）和以前蘇聯為首的華約（華沙公約組織，Warsaw Treaty Organization，簡稱WTO）每天都琢磨著整垮對方。如果能讓黃金總庫倒閉，布雷頓森林體系崩潰，前蘇聯的總書記肯定會高興地打開伏特加酒，一醉方休。令人匪夷所思的是，每每在黃金總庫危難之際，前蘇聯屢屢拋售黃金，救援了「萬惡的資本主義社會」的金融體系。

前蘇聯領導人腦子進水了嗎？

其實，前蘇聯也是情非得已，它不拋售黃金的話，還沒等到「萬惡的資本主義」下地獄，偉大的蘇維埃就難以為繼了。

前蘇聯執行的是極端的計劃經濟，不僅經濟效率低下，而且除了軍工、航太和重工業外，其他許多商品無法自己生產，需要從西方國家進口。進出口貿易是要等價交換的，前蘇聯能拿得出手的交換物其實十分有限，除了黃金以外，就只有自己也經常缺乏的糧食。就拿古巴導彈危機時期為例，前蘇聯擔心會與美國開啟全球大戰，打算未雨綢繆地進口一些西方國家的商品做儲備，因此拋出大量黃金購買商品，客觀上拯救了黃金總庫。

說得直白一點，前蘇聯能夠在幾十年的冷戰中大旗不倒，全靠賣黃金、石油等資源維持生計呢。

黃金總庫打壓黃金上漲的行為，還造成了另一個後果，它讓黃金開採者的利益受到了損害，因為開採黃金變得相對來說無利可圖了。在普通人眼中，黃金是很值錢的東西，擁有了金礦，似乎就等於是擁有了印鈔機。其實採金業和其他的行業一樣，也是有成本的，你得有大型開採設備，雇用技術工人，還得有一支忠心耿耿、能打硬仗的保安隊伍。行情好的時候，金礦主會賺大錢；行情不好的時候，他們真的有可能會賠錢。

美國黃金開採業企業在那個時期真的全部破產了，而鄰國加拿大的黃金企業靠政府補助苟延殘喘。南非是當時重要的黃金出產國，企業主被迫大幅度壓低了工人的工資，否則企業就得虧損甚至倒閉。人為壓低黃金價格的做法當然也影響了前蘇聯，該國通過賣黃金獲得的收入也被壓低了。這些賬都得算到黃金總庫的頭上，算到以美國為首的八國政府頭上。

乞丐都不收美元了

黃金總庫出馬的最初幾年順風順水，連前蘇聯都「鼎力相助」，在打壓黃金價格上取得了令美國滿意的效果。美國政府被這短暫的勝利沖昏了頭腦，以為黃金會永遠被擊敗，三十五美元兌換一盎司黃金會永垂不朽。

沒有什麼能永垂不朽，宇宙都不例外，更何況美元。美國對外貿易連年赤字，靠印鈔票填補虧空，美元實際的價值已經越來越偏離三十五美元兌換一盎司黃金。令美國經濟雪上加霜的是，整個二十世紀六〇年代，美國越來越深地陷入了越南戰爭，一九六五年，美國更是直接派出軍隊參戰。戰爭耗費了大量的資源和財富。正所謂「盛世收藏，亂世黃金」，既然已經是亂世，人們對黃金的需求量自然不斷上升，黃金總庫用來「鎮壓」價格上漲的黃金也越來越多，虧空再度放大了。一九六七年中東又爆發了戰爭，英鎊大幅度貶值，人們紛紛搶購黃金，以回避風險。

布雷頓森林體系開始搖搖欲墜，精明的法國人先知先覺，開始有計劃地利用體系的「漏洞」

，把手中喪失了購買力的美元以體系的價格兌換成黃金，放在自己的金庫裡。從一九六二年到一九六六年，法國從美聯儲手中兌換了近三十億美元的黃金並運回巴黎儲存。一九六七年六月，法國明智地退出了黃金總庫。

「俺們法蘭西人不玩美元Q幣遊戲了。」

面對危局，美國財政部繼續執迷不悟，堅持打壓黃金上漲的政策，於是美國的黃金儲備迅速減少，到一九六八年年初，已經下降到三億盎司，或者說是一百零五億美元。繼續維持布雷頓森林體系，美國的黃金儲備有可能會被徹底清空歸零。

在現實面前，美國不得不低頭認錯。一方面，黃金總庫的成員國商定，政府間的美元和黃金的兌換率還維持在三十五美元一盎司，而民間的兌換率隨它去吧，政府不干涉，美國政府也不再向民間承諾美元和黃金可以自由兌換。另一方面，美國國會決定，以後印刷美元不需要再有一定量的黃金儲備作為準備金。

見過無恥的，沒見過這麼無恥的。沒有了準備金，美元算是什麼東西？不能和黃金自由兌換，拿著美元還有什麼安全可言？美元將連Q幣都不如！

一些經濟學家為美國此舉搖旗吶喊，認為以美國政府的信用，就足以維持美元的江湖地位。但更多的人已經明白，美元面對黃金的徹底貶值，已經不可避免了。民間黃金市場上黃金受到了熱烈的追捧。黃金總庫的其他成員國紛紛學習法國人的經驗，用貶值的美元向美國購買黃金。

美國已經到了孤家寡人的地步，看上去就算整個美國是用金磚鋪就的，也不夠民間和其他國家兌換的。一九七一年，美國總統尼克森（Richard Milhous Nixon, 1913-1994）終於忍無可忍，宣布美國不再按照三十五美元一盎司黃金的比率來和其他國家兌換，然後，又調整了兌換率到三十八美元一盎司黃金，試圖維持布雷頓森林體系在名義上不倒塌。

即使三十八美元兌換一盎司黃金，對美元也是高估的。歐洲各國看到布雷頓森林體系已經無利可圖，感到沒必要再和美國在一口鍋裡吃飯了。一九七三年德國、法國等國宣布本國貨幣不再與美元實行固定匯率，而是根據市場情況實行浮動匯率。說白了，就是讓美元相對於本國貨幣貶值吧，貶值吧，貶值吧……

其他國家也紛紛跟進，布雷頓森林體系徹底崩塌了。在二十世紀七〇年代，美元在歐洲就像是病菌一樣，讓人們避之唯恐不及。在英國倫敦，一位美國遊客拿出美元付賬時頻頻遭拒；法國巴黎的計程車上貼著「不再接受美元」的標示，甚至乞丐也在自己的破爛帽子上寫著「不要美元」。二戰後受歡迎程度曾經堪比黃金的美元，竟然淪落到如此地步，不禁令人唏噓。

美國政府把布雷頓森林體系崩潰，說成是蘇黎世侏儒和貨幣投機者的罪行，他們大肆地炒作黃金，擊垮了黃金總庫。所謂的蘇黎世侏儒，指的是瑞士的那些銀行家。其實真正的原因是，美國自己製造了美元的通貨膨脹，還竭力想維持美元不貶值，以此來吸取別國的財富。黃金總庫雖然一時可以讓美國的伎倆得逞，但終究還是被市場擊敗了。

由此我們也可以看出，當錯誤的政策和市場對抗時，即使以包括美國在內的幾個強大國家的財力為武器，也不能戰勝市場的力量。強大如美國這樣的國家，它力量的源泉也正是來自於尊重市場和利用市場，它也無力長期逆市場而動。

因此坊間流傳的各種關於神秘家族、神秘組織在掌控世界，控制全世界財富流向的傳言，那些所謂的共濟會（Freemasonry）、羅斯柴爾德家族（Rothschild Family）暗殺了幾任美國總統，控制了美聯儲的故事，純屬虛構，切莫當真。

國家信用多少錢一斤

布雷頓森林體系崩潰，最高興的莫過於凱恩斯學派的門徒們。

「看，誰叫你們不聽凱恩斯祖師爺的話，現在完蛋了吧？在布雷頓森林裡討論的時候，要是採用凱恩斯祖師爺的計劃，何至於有今天？」

回顧本篇開頭凱恩斯的計劃，他的重要建議之一就是取消金本位制，讓黃金變成一種普通商品。布雷頓森林體系是一種變形的金本位制。隨著二十世紀世界人口越來越多，世界貿易額不斷增大，以黃金作為貨幣或者作為準備金，的確已經越來越顯示出它的弊端。

比如，當經濟增長，人們需要更多的貨幣來做交易的時候，由於黃金的產量難以和這種增長同步，市場上就會出現通貨緊縮，影響了經濟的進一步發展。此外，從古到今人類開採和冶煉出了十五萬噸左右的黃金，扣掉損耗和那些歷史上隨船沉入海底的黃金，這個量對於二十世紀的市場中的交易總量來說，顯得規模太小了，難以擔當貨幣的任務。

也許黃金逐漸喪失其貨幣地位的一個本質原因是，黃金在社會經濟中的使用價值越來越弱化了。在古代，黃金以其炫目的色澤、優秀的延展性而備受青睞，人們把珍貴的黃金加工成象徵權力的王冠、黃金面具，加工成象徵神聖的宗教物品，當時的黃金太有用了。進入現代，黃金的確還有了其他一些用途，但工業革命以來，更多的資源、能源進入了社會經濟體系中，更多的商品被製造出來，黃金雖然還攜其遠古的威名，在很長一段時間裡繼續充當貨幣，但論起使用價值，黃金已經不像在古代那麼舉足輕重了，黃金正走在經濟邊緣化的路上。

因此，凱恩斯把金本位制稱為「野蠻的殘餘」，的確體現出了大經濟學家的敏銳洞察力。但是話分兩頭說，如果當年執行他的那個計劃，把黃金作為貨幣的江湖地位廢掉，各國在印刷紙幣的時候不以黃金或其他實物作為準備金，那我們該如何給這些紙幣定價呢？我們如何保證這些紙幣在大眾的心中是有價值的呢？

一些經濟學家說，就用國家的信用好了，國家有信用，紙幣的幣值就穩定；國家沒有信用，紙幣的幣值就下滑。

那麼，國家的信用多少錢一斤？如果信用是紙幣幣值的來源，那麼我們就必須對信用進行量化，美國的信用值多少多少錢，中國的信用又值多少多少錢。可根據定義，信用這東西是人們心裡看不見、摸不著的感覺而已，很難量化。用信用來解釋紙幣的幣值，基本上是「以其昏昏，使人昭昭」，聽上去很拽，卻沒什麼用。

而且，近代歷史上各個國家都扒拉一遍，從大國到小國，從東方到西方，我們屢屢看到一個個國家不講信用的事例，甲國對乙國背信棄義，君王對民眾言而無信。國家要是講信用，母豬都能爬上樹。把國家信用當做紙幣的幣值參考，死你都不知道怎麼死的。

所以就算是布雷頓森林體系倒掉了，也不代表凱恩斯的那個計劃就更正確。不論各國政府如何鼓吹自己的信用，民眾依然習慣於從生活的柴米油鹽的貴賤來衡量貨幣的幣值高低。當黃金已經無法作為一個統一的尺規來給各國的紙幣定價時，人們迫切需要尋找一種或幾種新的實物來替代黃金，衡量紙幣的價值高低。

這新的實物，會是什麼呢？

第十四篇

石油喪鐘，爲誰而鳴

「世界石油價格當然會上漲，毫無疑問！你們把賣給我們的小麥的價格提高了百分之三百，糖和水泥的價格也提高了這麼多；你們購買我們的原油，利用化學方法加工後再賣給我們，其價格是你們支付我們原油價格的一百倍；從現在起，唯一公平的做法是，你們得為原油支付更多，十倍價格或者更高。」

一九七三年年底，伊朗國王對《紐約時報》（*The New York Times*）如是說。

石油危機震世界

伊朗作為當時世界第二大石油出口國，以及美國在中東地區的親密盟友，都已經對西方世界壓低石油價格表達了憤怒之情，其他與美國關係一般的中東產油國的心情，就只能用出離憤怒來形容了。

一九七三年的阿拉伯國家與以色列的第四次中東戰爭，讓中東產油國與美國的矛盾徹底激化了。戰爭爆發當天，為了阻止美國等西方國家對以色列的支援，敘利亞首先切斷了一條通往西方國家的輸油管，黎巴嫩關閉了自己的石油輸出港口。第二天，伊拉克宣布美國石油公司在本國的股份收歸國有。

起初，美國並沒把這些騎著駱駝、住著帳篷的「落後民族」放在眼裡，尼克森總統委派美國機構給以色列送武器、送給養，幫助以色列作戰。作為報復，阿拉伯國家宣布出口石油提價百分之七十，達到每桶五・一一美元。此後，阿拉伯國家更是把石油出口價提高到每桶十美元以上。

暴漲了三倍的能源價格立刻讓全世界感到了寒冬。一九七三年，美國經濟還在快樂地高增長著，一九七四年，美國工業生產就下降了百分之十四，而嚴重依賴石油進口的日本的工業生產下降了百分之二十。第二次世界大戰結束後最嚴重的一次經濟危機爆發了。而且這次危機的特點是，一方面通貨膨脹率高高在上，另一方面經濟依舊不景氣，失業率維持高位，這就是所謂的「滯漲」——經濟停滯，通貨膨脹。

通貨膨脹的原因部分可以歸結為當時布雷頓森林體系的解體，黃金的韁繩被甩開後，印鈔機就停不住了，美元大量湧向市場，必然導致通貨膨脹。當阿拉伯國家對美國等國實行石油禁運後，市場上這種基礎性的產品突然減少，相對來說，貨幣或者說美元就多了，這也造成了通貨膨脹。石油價格突然大漲，對於許多以石油為原物料的工廠、企業來說都是致命的打擊，許多工廠的利潤被蠶食，甚至出現虧損，整個國家經濟出現停滯也就順理成章了。

說起石油危機對經濟的影響，根據傳統的經濟學理論，這並不算個事兒。在那些經濟學家看來，沒有了石油，市場自然會尋找替代品，短期的小挫折不改長期的、永遠向上的經濟增長趨勢。按照一般的經濟學解釋，當某種物品的價格上漲時，人們會尋找這種物品的替代品，比如當石油價格上漲時，人們會用相對便宜的煤、天然氣，甚至風能、水能、太陽能來代替石油。因此從最終的結果看，經濟不會受到多麼大的衝擊。

但世界經濟此後的走勢卻明顯給這些經濟學家「上眼藥（中國大陸用語，指打小報告、暗地使壞整人，使人被誤會、受委屈）」。全世界經濟花了幾年的時間，才從石油危機的打擊中得到恢復，衝擊不可謂不大。此後的幾十年，石油價格漲漲跌跌，屢次發生類似的石油危機，對石油進口國的經濟造成很大的波動。而且從總的趨勢看，石油雖然開採量在增加，價格卻有走高的趨勢。

到底是傳統經濟學敲響了石油的喪鐘，還是石油問題敲響了傳統經濟學的喪鐘？

木炭、泥炭和煤炭

要回答石油對歷史和經濟的影響力，我們不妨把視野放得更遠一些，回到本書開始的那個大航海時代。縱觀哥倫布發現美洲以來的歷史，大國你方唱罷我登場，許多大國在崛起的時期，其實往往都與各種能源的利用息息相關。

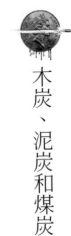

本書前面的篇章沒有提到荷蘭的崛起，實際上緊隨西班牙和葡萄牙之後稱霸世界經濟的國家，正是被譽為「海上馬車夫」的荷蘭，在十六世紀到十七世紀期間，荷蘭的產品遠遠比英國的產品受歡迎。當時荷蘭的漁業、工場手工業和海洋運輸業都勝過歐洲任何一個國家。荷蘭的紡織品如絲綢、呢絨、毛料在國際市場上享有盛譽，瓷器和鑽石加工也遠近聞名，成千上萬的荷蘭商船航行在世界的海洋上，這就是「海上馬車夫」名號的來歷。

荷蘭當時是商人治國，崇尚自由貿易，打破了各種束縛經濟發展的國內外貿易壁壘，這是其崛起的重要原因。但我們必須強調，荷蘭的崛起還和一種我們今天很陌生的燃料相關，那就是

——泥炭。

泥炭是死去的沼澤植物沉積在沼澤底部，無法完全腐敗分解而形成的一種黑色或者褐色的泥狀物質，可以燃燒，提供能量。十六世紀時，西歐的很多人口比較稠密的地區由於長期大量使用木炭，森林植被衰竭，造成燃料問題。泥炭是一種很好的燃料，廣泛分布於氣候潮濕的地區，大家都想利用。但是唯有處於低地的荷蘭具有縱橫交錯的水道，可以便捷地把泥炭從沼澤地運輸和轉送到需要的地方。

由於能方便、大量地獲得很便宜的泥炭燃料，荷蘭很快就形成了能源密集型的工業生產，釀酒業、製鹽業、玻璃製造業、石灰燒製和灰漿業、玻璃生產、蔗糖精煉業等迅速發展，荷蘭首都阿姆斯特丹迅速崛起為當時世界的生產中心。

作為一個西班牙曾經的屬國，國土狹小的國度，荷蘭能夠長期執世界經濟的牛耳，與西班牙、英國等強敵硬抗了上百年，泥炭功不可沒。

不過泥炭內所含的熱量並不高，荷蘭需要依靠大規模開採泥炭，來獲得足夠的能源。根據估計，在十七世紀，荷蘭每十年就開採了泥炭總儲量的百分之三到百分之五，隨著泥炭逐漸消耗殆盡，荷蘭人的經濟狂飆也戛然而止，進入十八世紀後，沒有了能量的荷蘭無力抗衡英國，逐漸走向了衰落。

荷蘭敗給英國，從能量的角度講，是泥炭敗給了煤炭。一噸泥炭產生的熱量只相當於大約半噸煤所產生的熱量。十七世紀的荷蘭每年的泥炭產量為一百五十萬噸多一點，那就是說相當於每年生產七十五萬噸煤。一七〇〇年前後，英國每年的煤炭產量大約是兩百五十萬噸，英國煤礦開採得到的熱能是荷蘭泥炭生產的熱能的三到三．五倍。能量的優勢是英國戰勝荷蘭的法寶之一。

其實煤在歐洲分布很廣泛，很多國家都有煤可採。不過英國和荷蘭共同的優勢在於，兩國能夠比別的國家更容易利用燃料。

英國本身是島國，煤礦和鐵礦都靠近河流和海岸線，易於運輸和對接。在煤炭用於冶煉鐵以前，生產一萬噸鐵，得砍倒十萬英畝林地上的林木。林木運輸也是成本，所以煉鐵的高爐一般就設在靠近林木生長的地區，一些離森林太遠的礦床只好放棄。自從可以利用煤炭起，英國的冶鐵、陶瓷生產、燒磚、玻璃製造等高耗能行業迅速崛起，在蒸汽機發明之後，煤礦排水、運輸效率大大提高，英國的煤產量大幅度增加，鋼鐵產量也從一六八〇年的百分之五十以上靠進口變成一八五〇年擁有世界總產量的百分之五十。

煤炭帶給英國的燃料，相當於額外有了一千五百萬英畝森林可供燃燒，幾乎等於蘇格蘭的土地面積了。到一八七〇年，英國煤炭燃燒放出的熱量，可供八億五千萬名勞動力消耗。光是英國蒸汽引擎的性能，就相當於六百萬匹馬匹或者四千萬名壯勞力，而不管是養活這些馬還是這些人，需要的小麥量要三倍於當時英國全國小麥總產量。

大英帝國的榮光，是通過燃燒黑黝黝的煤炭獲得的，煤炭和蒸汽機成倍地增強了英國的國力。歐洲大陸直到一八〇〇年之後才普遍地使用煤炭，但英國在百年之前就大量使用煤炭，擁有了先發優勢，長期穩坐世界霸主的寶座。

英國的事例教導我們，國力的比拚不僅僅是人口數量的比較，更重要的是能量的比較。一七五〇年的時候，英國只有八百萬人口，旁邊的法國擁有兩千五百萬人口，日本的人口有三千多萬，清朝則有近三億人口。當時的英國看上去不太可能成為世界老大。然而一百多年後，如果我們把能量轉換成勞動力來計算，大英帝國的煤炭能夠提供八億多的勞動力，而在兩次鴉片戰爭中敗北的大清王朝雖然坐擁三億人口，論勞動力對比，其實比英國差了一大截。這可以算大清王朝打不過大英帝國的另類解釋吧。

隨著英國工業革命技術向歐洲擴散，其他國家也開始廣泛使用煤炭，在一八七〇年普法戰爭前夕，德國的煤炭年產量達到了兩千多萬噸，法國也有一千多萬噸。到第一次世界大戰前夕，英國煤炭產量達到了頂峰，年產量達到三億噸（其中三分之一出口國外），人均每年能源使用量大概在五噸煤炭，這個水平甚至超過了今天中國人均能源的使用量。

如果工業革命是建立在木炭燃燒提供的能量之上，而不是建立在煤炭之上，那麼全歐洲的森林也不夠英國一個國家使用的，更不用說其他國家對能量的需求了。以木炭為能量基礎的工業革命必然會慢慢停滯，而砍光森林的歐洲縱然不是滿眼黃沙的撒哈拉沙漠，至少也將是「我家住在黃土高坡，大風從坡上刮過」的悲涼景象。

泥炭荷蘭和煤炭英國的崛起證明，能源對經濟的推動作用是毋庸置疑的。而木炭、泥炭和煤炭的更迭，似乎印證了經濟學家的說法，人們總能找到更好的、更便宜的能源替代品。

美國坐在高高的油桶上面

進入二十世紀，美國繼大英帝國之後成為世界新霸主。讀者們想必已經猜到，我要回到石油的話題了。與荷蘭、英國類似，美國經濟的快速增長，必然對能源提出了更高的需求，這種需求甚至超出了煤炭能提供的能量。

一八七六年，美國從木頭中獲取的能量仍是從煤中獲取能量的兩倍，但木頭的使用量正在急速減少。而在一八五〇年至一八九〇年間，每過十年，美國煤炭的消耗量就翻一番。十九世紀九〇年代晚期，美國終於超過了英國，煤產量躍居世界第一。（另一個新興工業強國德國，居第三位）到一九〇〇年，煤已經成為美國經濟發展的最雄厚的基礎。

但美國經濟要想真正地稱霸全球，還需要煤炭之外的資源助力。今天我們談石油，言必稱中東，因為那裡是現在世界石油的主要儲藏地。其實在二十世紀上半葉，美國的墨西哥灣才是世界的油庫。

早在一八五九年，美國人在賓夕法尼亞打出了第一口油井，這是石油商業性開發的開端。其後，世界石油產量從一八五九年近乎零的水平猛增到一九三〇年幾乎達到每天四百萬桶，其中美國的原油產量達兩百五十萬桶，占世界總產量的百分之六十四。一直到二十世紀五〇年代，美國都在世界石油市場上占據統治地位，出產了石油總量的百分之六十。美國是這一歷史階段當之無愧的世界能源中心，由於美國的石油業集中在德克薩斯州等墨西哥灣沿岸，所以有人把這一歷史階段稱為「墨西哥灣時代」。

墨西哥灣時代也正是美國走向世界第一經濟強國的時代。論單位質量及體積所含的能量，石油大約是煤炭的兩倍。考慮到液態石油在開採、運輸等方面比固體的煤炭更容易，石油的能量效率就更高了。從理論上講，以石油為能量基礎的國家，必然比以煤炭為能量基礎的國家要更有「動力」。高能量效率、多用途的石油，成為美國經濟騰飛的強大推動力。

二十世紀六〇年代以後，中東地區的已探明石油儲量和產量迅猛增長，衝擊了美國的石油產業。江湖曾傳言，美國人老謀深算，從中東進口大量的石油使用，卻把自己的油田都關閉不採，留到將來世界其他地方沒有石油後再開採，涮全世界一把。

美國人沒那麼陰險，也沒那麼愚蠢，一切取決於價格和成本。中東油田規模巨大，開採極其容易，成本低廉，美國本土開採的石油根本無法在價格上與中東石油抗衡，所以美國石油公司紛紛轉戰中東油田，放棄開採美國本土高地稅、高工資、高福利造成的高成本油田。

面對中東石油的「低價傾銷」，美國人的策略是政治、科技兩手都要硬。一方面依靠政治力量和軍事力量，控制住中東產油國，允許美國石油公司介入石油的開採領域，從源頭上控制石油；另一方面依靠自己的科技力量，在石油機械製造、精加工等方面做足文章，從石油中賺取最大利潤。沙烏地等國出產石油又能怎樣，賺錢的環節都掌握在美國人手裡。

美國人一度成功了，他們牢牢地控制了中東石油，一直到本篇開始所說的石油危機之前。石油危機引爆了油桶，炸醒了石油永遠廉價的迷夢，把全世界又拉回到了能源短缺的恐懼之中。

吃石油長大的一代

石油危機中，美國的加油站前排起了長隊，司機們不得不為買幾加侖汽油而苦苦等待。驚恐的人們發問：沒有了石油，經濟學家是否還能找到替代品取代石油產品，就像石油曾經替代煤炭一樣，挽救世界的環境和經濟？

經濟學家認為，他們找得到藥方。比如，用布和紙來替代塑膠？

這個藥方的前提是，全世界生產棉花的土地和出產木材的森林得夠用，這等於是回到了過去利用木炭的老路上，經濟效率低不說，砍光森林的環境問題更是令人頭疼。

用生物燃料替代汽油怎麼樣？別逗了，簡單的計算我們就會明白，全世界的土地用來種甘蔗和玉米，生產出的生物燃料相比於石油的產量，也不過是杯水車薪。而且把寶貴的土地用來種植甘蔗、玉米，用這些作物來製造生物燃料，糧食生產就被削弱了，糧食價格上升，世界上最貧窮的人們受到了傷害。二〇〇八年世界糧食供應就因為大量耕地用來生產燃料而低於糧食需求，引發了許多國家的搶糧事件，就連在稻米主要生產國的泰國境內，都發生了農田中的稻米被人一夜之間偷走的事情。

也許岩層中的頁岩油氣和海底的可燃冰能夠替代石油作為燃料？從理論儲量上說，目前探明的世界頁岩中的油氣資源，比沙烏地阿拉伯探明的石油儲量高二十倍。既然儲量如此豐富，為何沒有利用呢？

還是開採成本太高了，海底的可燃冰也是同樣的成本問題。而且，就算這兩樣將來可以利用，基本上也屬於和石油一類的資源，所謂的替代石油不過是換湯不換藥，讓能源危機推延一些年再爆發，苟延殘喘而已。

所以，目前階段，人們還看不出有什麼靠譜的東西真的能夠替代石油。

石油哪裡是那麼容易替代的東西！讓我們看看從石油中變出來的用品：塑膠，可以製作成各種形狀，不易腐爛的物品；有機玻璃、防彈玻璃，刺客、殺手最痛恨的物品；化妝品，所有的女士都熱衷的物品；油漆，產生五彩斑斕的顏色、美化生活的物品；紡織纖維，我們穿的衣服竟然可以用石油製作；此外，從石油而來的物品還有唱片、尼龍、藥品、防凍劑、人工香料、人造樹脂……

上面這些物品想必已經讓諸位對石油欲罷不能了，其實我還沒有介紹石油最給力的兩大用途，那就是作為能源，驅動了交通工具和工廠裡的發動機；變身為化肥，給我們提供了足夠的食物。不僅各種糧食作物的生產離不開化肥，那些家畜家禽的飼料，也都是通過化肥滋養的植物加工而來的。在世界上的任何一家超市，我們已經很難找到沒有被化肥滋潤、石油浸泡過的食品。今天的人們其實都是吃石油長大的一代。

當替代品的各種藥方一一失效後，一些經濟學家一咬牙，開出了最狠毒的藥方：世界石油不會用光！地下潛伏的石油夠我們用到地老天荒。

真的不會用光嗎？

石油的尖峰時刻

石油，即使不是二十世紀以來人們最大的焦慮，也是最大的焦慮之一。

早在一九一四年美國礦務局就煞有其事地預測，本國石油儲量只能維持十年的開採。二十年後，美國內政部說，美國的石油只能維持十三年。又過了十幾年，還是那個內政部說，石油還能維持十三年。二十世紀七〇年代，美國總統卡特（James Earl Carter, Jr, 1924-）憂心忡忡地說，下一個十年結束的時候，世界所有探明的石油儲量將全部用完。

那麼實際情況呢？一九七〇年，全世界石油探明儲量是五千五百億桶，此後二十年，全世界用掉了六千億桶石油，而未被開採的探明儲量還有九千億桶。

預測有風險，預言需謹慎。現在，誰要說石油將快被用光了，在經濟界往往會被嘲笑。但總有一些地質學家頂著嘲笑站出來支持一種叫做「石油峰值論（Peak Oil）」的假說。

這個假說是由二十世紀五〇年代美國著名石油地質學家哈伯特（Marion King Hubbert, 1903-

1989）提出的。他發現，礦產資源的產量有一個「鐘形曲線」的規律，即如果以時間為橫坐標，產量為縱坐標，那麼礦產的產量就會形成一個鐘形曲線，產量先快速增長，然後增速下降，出現拐點，最後是快速下降。

哈伯特特別強調，石油正是一種符合該規律的資源。他通過對油田產量的分析發現，石油生產者總是先把容易開採出來的低成本石油從地裡打上來。先把能賺到的大頭撈到，換你你也會這麼幹。因此在一個油田生命周期的青年期，產量上升很快。但是過了一段時間，隨著油田開採程度的不斷深入，容易開採的石油越來越少了，剩下的石油儲量的開採難度則越來越大，開採成本也越來越高。這時，油田的產量開始下降。當開採成本高到已經等於開採石油所獲得的能源收益時，人們就會放棄對這個油田的開發，油田的生命周期就走到了盡頭。油田的產量會達到一個峰值，然後迅速下降。

推而廣之，如果我們把全世界的油田看成一個整體，產量也必然會出現一個峰值。一個地區的石油總儲量不論多大，由於石油是非可再生資源，因此當容易尋找的油田都被發現後，新的油田越來越難找，因此新發現的儲量也不斷減少，開採難度加大，開採成本升高，最終產量不可避免地下滑。

石油峰值論被許多石油專家和地質學家接受並應用。比如一九九八年，當時的石油價格還十分低迷，只有每桶十二美元，但是一位石油專家當時就分析，由於許多地區的石油產量都已達到峰值，廉價石油的時代馬上就要終結了，結果此後石油一路飆升，到二〇〇八年突破了一百四十美元！二〇〇三年，這位學者與他人合作，對全球四十四個重要產油國進行了更廣泛的研究，發現其中已經有二十四個國家明顯跨越了石油產量的峰頂。

雖然此前石油將被用光的預言，一次次地遭到了可恥的失敗。但石油畢竟屬於一種不可再生的資源，用一點就少一點，因此石油開採的峰值，或早或晚，總會來臨的。如果不能在峰值到來之前找到合適的替代品——開採成本或製造成本足夠低、用途和石油一樣廣泛的替代品，傳統經濟學就將被石油敲響喪鐘，而世界經濟雖然還不至於命喪黃泉路，也將陷入大蕭條。

石油本位的世界經濟

人類失去石油，世界將會怎樣？

石油其實早已超越了一種普通產品的身分，它還有另一個重要身分——所有貨幣的價值尺規。

上篇最後提到，在金本位解體、布雷頓森林體系崩潰後，人們需要一種方便的實物來替代昔日的黃金，作為價值的尺規。而石油剛好滿足了人們的這種需要。

首先，石油比美元「實在」。石油是用美元計價的，類似於布雷頓森林體系中黃金用美元計價一樣。在目前的世界金融體系中，各國貨幣自由兌換，可以自如地與美元或石油進行比價。結果就造成了從宏觀上，美元與油價是反向波動的，當美元升值的時候，油價是下跌的；當美元貶值的時候，油價是上漲的。

石油與美元平起平坐，甚至它作為貨幣價值的尺規比美元還更好，因為美元的印刷全憑美國人說了算，美國人手頭緊張的時候，就會印鈔票，引發美元的貶值，從而傷害世界上手握美元的其他國家。石油生產得多了，並不會傷害到用油國，反而會因為供應量大了，價格相對便宜，讓用油國受益。這就是紙幣和實物作為本位貨幣的根本區別。

其次，石油供應充足，完勝黃金。從每年的產量來看，目前世界年產黃金約兩千六百噸，年產石油約四十億桶，如果按照每克黃金五十美元，每桶原油八十美元計算，黃金價值一千三百多億美元，而石油價值三千二百億美元。每年人們開採出來的石油比黃金的價值要高一倍。

而且，開採出來的黃金大部分都儲存起來，沒有再加工，提高其價值；而石油則轉化成了各種商品和能源，有了更多的附加價值。因此當黃金退出世界貨幣舞臺的時候，石油從實際效果上已經走馬上任，具有了貨幣的屬性。

最後，石油產量和世界經濟「一榮俱榮，一損俱損」。黃金作為貨幣，一個弊病就是黃金產量和世界經濟的增長不合拍，世界經濟突飛猛進的時候，黃金產量卻不溫不火地拖後腿；或者世界經濟不溫不火的時候，突然一個大金礦被發現，立馬引發通貨膨脹。

石油就不存在這個問題，因為石油已經滲透到了經濟的各個領域，世界經濟突飛猛進的時候，對石油的需求就加大，產油國的石油產量可以迅速地做出加大的反應；反之，當世界經濟陷入低迷時，對石油的需求就降低，產油國可以通過讓幾個油田停產的方式，減少石油的產量。

我們不妨把布雷頓森林體系解體後這幾十年的世界經濟，看成石油本位經濟。大家不論自覺不自覺，都會以石油或其產品為價值尺規，衡量本國貨幣與他國貨幣的幣值高低。誰都別拿自己那些紙幣蒙人，看看你那紙幣能買多少石油，就知道值個幾斤幾兩了。

這幾十年中世界總算還正常地運轉著，沒有因為各國亂開印鈔機而變得不可收拾，可能也是拜石油這種世界「通貨」所賜。

一旦石油走過了峰值，能源短缺加上金融體系崩盤上演，誰說第三次世界大戰不會上演？為了幾塊利益不明的殖民地，世界列強都可以大打出手；為了轉嫁國內經濟危機的矛盾，一些國家不惜對外宣戰。在如今許多國家手握核武器的前提下打世界大戰，那將是人類文明的終結。

為了避免可怕的後果，也許該動用我們理性的思維想一想，在缺少石油的世界裡，我們的經濟應該怎麼玩。這不單純是尋找替代品來接班石油的問題，萬一真的沒有合適的石油替代品，世界經濟陷入低增長、停滯，甚至一段時間的負增長，大家的日子還是得過下去。是去搶別人的財富維持自己的生活水準，還是坦然接受一段時間要過窮日子？

別一聽過窮日子就皺眉頭，就在大航海時代開啟之前，人類幾千年的經濟增長簡直比蝸牛爬還慢，一遇天災、戰爭，窮日子就降臨人間。最近五百年，人類才開始擺脫了掙扎在生存線的窘境，幸運地過了幾天好日子。這五百年來，因為能源用盡而重新過窮日子的國家不是一個兩個。

歷史要是因沒了油而開倒車，我不會感到奇怪。

〈尾聲〉潮湧潮落五百年

讓人們的財富增加，錢袋子鼓起來，大概有這麼幾種主要的方法：土地裡產出更多的農作物和礦產；人們更多地互通有無，自由貿易；科技對產品的深加工。

五百年前地理大發現，給歐洲人帶來了大片的土地，並促進了各大洲的自由貿易。此後的工業革命，開啟了科技進步的大門，世界人民終於富起來了（當然了，一部分人先富了起來）。

如果哥倫布還沒等發現美洲，就被憤怒的水手們扔進了大海，五百年來人類歷史和經濟的進程是否會完全改觀？

美洲還橫亙在大西洋和太平洋間，即使沒有了哥倫布，歐洲人也會發現美洲，而且基本可以肯定的是，歐洲人會比亞洲人更早發現並開發美洲大陸。因為就在哥倫布第一次航行回來後，西班牙和葡萄牙就劃分了海洋界線，一四九三年葡萄牙國王說服西班牙國王把分界線向西挪了兩百一十海里。然後在一五〇〇年，也就是達伽馬遠航印度之後，葡萄牙駛往印度的第二支船隊基本上沿著直線衝向了南美洲的海岸，然後才前往印度。很多學者猜測，也許葡萄牙在與西班牙劃定分界線的時候，就已經知道了南美洲的存在。

但如果沒有美洲這塊大陸，歐洲經濟還能崛起並把亞洲、非洲遠遠地甩在身後嗎？沒有美洲大陸，就不會有美洲的黃金和白銀湧入歐洲和亞洲，歐洲人用來交換亞洲香料、絲綢和茶葉的本錢就會少很多。更不利的影響是，歐洲將缺少一大片等待開發的土地，過剩的人口將失去出路，歐洲的經濟增長率會繼續在低位徘徊。

在地理大發現之前的幾千年裡，世界經濟即使不是在原地踏步，每年、每個世紀的增長也是微乎其微。看看東方的中國，在漢代已經達到了上億的人口，在後來幾百年的動蕩中人們卻掙扎在生存線上；而歐洲自從羅馬帝國解體後，上千年的歲月中大大小小的國家為了一點點蠅頭小利你爭我奪，偶爾的繁榮過後又是滿目蒼涼。

說到底，古代世界經濟無法讓人們過上比生存線高出一大截的美好生活，是人口壓力造成的。古代世界每次經濟增長率提高帶來的繁榮，都會刺激人口的明顯增長，最終全社會的財富因為人口的增加而被平攤，為了讓更多的人口能夠生存下去，土地被劃分為更小的地塊，降低了使用效率；有限的礦產資源平攤到了更多人的頭上，每個人只能得到可憐的一點點兒，沒有足夠的資本積累去幹點大生意。人們的平均生活水平不會因為偶然的繁榮而明顯改善，全社會的經濟增長始終在低水平徘徊。一遇到戰爭、疾病、天災和糟糕的制度，整個經濟重新跌到生存線附近。

就在地理大發現之前，歐洲正處於一小波繁榮期，各個國家特別是英國的人口在增長，人口壓力似乎又一次要反壓經濟增長率了。而且，非洲的黃金也越來越難以獲得，香料之路的一部分也因為君士坦丁堡的陷落而斷絕。

就在悲劇即將再次上演時，突然之間，美洲被發現了，廣闊的土地等待人們開墾，多餘的人口擁向了新大陸，歐洲各國的人口壓力驟減，經濟增長率得以保持在高位，美洲來的金銀提供了充足的啟動資金，歐洲經濟開始啟動了。

所以，歐洲人先富起來，純屬運氣好？

我並不這麼看。哥倫布遠航之前，英國人的圈地運動已經展開，即使沒有美洲大陸，他們也會慢慢發現自己土地下的煤炭大有用途；他們也會開始工業革命，只是可能會比真實的歷史晚一些時候，但工業革命起源自歐洲是比較合情合理的推測。一旦人們對能源的飢渴感被調動起來，他們最終會發現石油的妙處，世界人民齊心協力奔小康的局面終究會出現。

所以，歐洲人先富起來，是天命所歸？

我也不這麼看。（旁白：老兄你吃錯藥了吧？）就算是擁有了美洲大陸礦產最豐富的黃金地段，西班牙人依然揮霍掉了所有從印第安人那裡打劫的財富，以及自己從美洲開採的財富。而北美貧瘠土地上的英國殖民者卻勵精圖治，硬生生從維吉尼亞的碎石崗起步，最終締造了一個偉大的國度。

所以，美洲帶來的「物」的增加——廣闊的土地、豐富的礦產——僅僅是讓歐洲人有了發財的機會而已，只有結合了「人」的因素——自由貿易、科技進步——他們才沒浪費了上天賜予的這塊富饒大陸。

這五百年的風雲際會，人們在經濟領域到底做對了哪些，又做錯了哪些？

西班牙國王通過契約的形式，鼓勵自己的臣民去探險和征服，打下了美洲廣闊的殖民地，擁有比起本土大幾十倍的陸地，一夜暴富，這是他們做對的事情。然而，窮兵黷武和奢侈揮霍，耗盡了本應用於經濟發展的資金；橫徵暴斂的稅收政策和荒唐透頂的貿易限制，一度使得在美洲開採金礦都變得無利可圖，從東亞向歐洲販賣瓷器都成了賠本買賣。這些都是西班牙犯下的經濟錯誤。

英國建立了一個為商人和資本所有者服務的政府，恰恰這些人是社會上投資實業和創造財富最活躍的階層。中央銀行和金本位制的創立，以及通過圈地運動建立的產權制度，加上對知識產權的保護，所有這些經濟和政治創新，都促進了國內和國際的自由貿易，也促進了科技進步，都是英國做對的事情，讓英國經濟趕超歐洲諸強，建立起世界範圍內的日不落帝國。

但是殖民地攤子鋪得太大，對英國本身是一種拖累；英國的「南海股票泡沫」導致股市崩盤後，英國對證券市場變得排斥起來，沒能充分發揮這種高效金融機構的威力，最終倫敦把世界金融中心的寶座拱手讓給了紐約。這些都是英國犯下的錯誤。

美國繼承了英國幾乎所有的經濟和政治創新，而且還充分地利用了證券市場——華爾街，華爾街的鉅額資本化作了運河、鐵路、礦山，給美國帶來了騰飛。但美國也並非沒有犯過錯誤，南北戰爭前為了所謂的保護幼稚民族工業而設立的高關稅，傷害了自由貿易，傷害了美國人自己，險些令美利堅合眾國分崩離析；經濟大蕭條時期羅斯福新政樹立了政府直接干預經濟的糟糕先例，流毒後世。

另一個政府直接干預經濟的案例是前蘇聯。與西班牙類似，前蘇聯坐擁豐富的金礦、石油資源。但是政府對經濟的強力干預讓經濟領域毫無活力，效率低下，前蘇聯除了軍工和航太之外，其他產品在國際上毫無競爭力。

集體農莊制度調動不起前蘇聯農民的熱情，他們把熱情都投放到了一小塊自家的私有土地上，因為這塊土地上出產的東西可以拿到市場上出售。結果在只占全國總耕地面積百分之三的私有土地上，生產了全國五分之一的牛奶量和三分之一的生肉量，以及大量的水果和蔬菜。歷史上俄羅斯曾經是歐洲的糧食出口國，卻因為錯誤的農業政策，經常面對糧食不足引發的饑荒，被迫出售黃金換取外界的食物。在用資源支撐了幾十年後，外強中乾的前蘇聯終於走到了盡頭，各加盟共和國紛紛獨立。

納粹德國和希特勒的經濟政策比起羅斯福新政有過之而無不及，走到絕路上的納粹德國試圖用戰爭和掠奪來挽救毫無希望的經濟，但法國的拿破崙其實就是前車之鑒，兩個戰爭狂人都可恥地失敗了。靠掠奪維繫的經濟模式永遠不是正確的財富之路，因為戰爭消耗了世界的財富，而不是讓世界的財富增加。本書沒有提及的日本在十九世紀末到二十世紀上半葉從崛起到覆滅的過程，與同時期的德國十分相似。

另一種用掠奪來解釋國家貧富的說法也很荒謬——非洲落後是因為被白人用武力打敗了，黑人受到了奴役和剝削；西班牙衰落是因為無敵艦隊覆滅了；法國衰落是因為拿破崙吃了敗仗。不是國軍不努力，實在是共軍太「狡猾」。侵略者毫無疑問應該受到譴責，但這種唯戰爭論掩蓋了決定國家貧富的經濟力量。

五百年來，所有那些人們曾經做對的和做錯的事情，在今天的世界經濟中都可以找到現實版。這不禁令人對世界的未來既悲觀，又樂觀。

地球上已經沒有另一個美洲大陸等待人們去發現和利用，移民其他星球還只是科幻小說中的夢境。一旦高能效的石油無可奈何地跨越產量的峰值，又沒有合適的替代品，世界將重回人口數量反壓經濟增長率的暗淡老路上，甚至走上毀滅一切的第三次世界大戰的絕路。

但即使沒有下一個美洲大陸，自由貿易將讓世界經濟更高效地生產財富和節約成本，科技進步仍將用有限的資源創造出無限的財富，澆灌人們渴望發財的心靈。

向天再借五百年，世界依然可能會變得更好，事在人為。

國家圖書館出版品預行編目(CIP)資料

透過錢眼看大國興衰 / 波音作. -- 初版. -- 臺
北市 : 遠流, 2013.02
面; 公分 . -- (實用歷史叢書)

ISBN 978-957-32-7131-4(平裝)

1. 經濟地理

552 101025893